Prost Kaffee

Kindheit

Durch die Nestwärme der Eltern entwickelt ein Kind Liebe und Vertrauen – ohne die Nestwärme mangelt es dem Kind an Wärme, Zuversicht und einem Gefühl von Sicherheit.

Basierend auf: Burkhard, *Schlüsselfragen zur Biografie*, S. 16

Sonja K. Görnitz, Joachim E. Görnitz

Prost Kaffee: Biografiearbeit im Altenheim

Band 1: Kindheit (1939–1945)

Bibliografische Information der Deutschen Nationalbibliothek:
Die Deutsche Nationalbibliothek verzeichnet diese Publikation in der Deutschen Nationalbibliografie; detaillierte bibliografische Daten sind im Internet über http://dnb.dnb.de abrufbar.

TWENTYSIX – Der Self-Publishing-Verlag
Eine Kooperation zwischen der Verlagsgruppe Random House und BoD – Books on Demand

Prost Kaffee: Biografiearbeit im Altenheim
Band 1: Kindheit (1939–1945)
Alle Rechte vorbehalten.
© 2016 Sonja K. Görnitz und Joachim E. Görnitz

Kontakt: sonja@sonjakg.com
Facebook: facebook.com/joachimeg
https://twitter.com/sonjagoernitz
Melden Sie sich gern bei uns.

Herstellung und Verlag:
BoD – Books on Demand, Norderstedt
(bei Hamburg, Deutschland)

ISBN: 978-3-740-71451-2

Inhalt

Vorwort 7

Vielen Dank 9

Kapitel 1 | 1939: „Erst mal richtig zur Sache" 13

Kapitel 2 | 1940: „Dann war Hildegard da" 44

Kapitel 3 | 1941: „Sturmabzeichen in Silber" 70

Kapitel 4 | 1942: „Mehr Zucker als Ei" 83

Kapitel 5 | 1943: „So geht alles gut" 91

Kapitel 6 | 1944: „Entweder tot mit Trara..." 107

Kapitel 7 | 1945: „Nur in Unterhosen" 122

Biografiearbeit – Wie macht man das? 139

Nachwort 156

Quellen und mehr 161

Bibliografie 179

Vorwort

Uschi tot. Fiete tot. Diddi auch tot. Immerhin hat Diddi meinem Vater und mir noch einen Brief geschrieben, bevor sie starb. Ich hätte so gern noch mehr über ihr und das Leben meines Vaters erfahren... Otto auch tot. Nicht, dass sie überraschend gestorben sind, sondern am Altern, an Krankheiten, die das Alter mit sich bringen kann. Ich schob es vor mir her, mir Zeit für sie zu nehmen, mich dafür von meinem Alltag zu befreien.
Mein Vater lebt noch. „Einige Sachen sind echt komisch bei mir", sagte er vor kurzem. „Was denn?", fragte ich. „Ja, dass ich überhaupt noch lebe!"[1] Ja, allerdings. Er hat viel hinter sich: als Kind fast verhungert, als junger Mann tief in den Laderaum eines Frachtschiffes gefallen, als älterer Mann sich fast zu Tode getrunken.
Er lebt noch. Ist rechts weitgehend gelähmt, sitzt seit zwei Jahren im Rollstuhl. Er hat Gedächtnis- und Wortfindungsstörungen. Er sieht schlecht. Trotzdem haben wir jetzt eine bessere Zeit zusammen als vor – sagen wir – zehn Jahren, als ich noch nach Kräften kämpfte, um ihn vor der Sucht retten zu wollen.
In seinem Seniorenheim vom Deutschen Roten Kreuz (DRK) gehen wir systematisch sein Leben durch: immer ein Lebensjahr zur Zeit, ein Jahrsiebt pro Abschnitt. In diesem Band hier geht es erst einmal um seine Kindheit (1939 bis 1945, hauptsächlich in Berlin).

Prost Kaffee: Kindheit

Das Altenheim bietet ein sicheres Umfeld, in dem wir arbeiten können. Mein Vater hat ein Einzelzimmer, das Essen schmeckt sehr gut, das Team kümmert sich hervorragend um ihn – und nimmt mich lieb an, wenn ich etwa dreimal die Woche zu Besuch komme.

Prost Kaffee haben mein Vater und ich diese(s) Buch/Serie genannt. Seitdem er und ich Kaffee statt Alkohol trinken, geht es uns beiden wesentlich besser. *Prost Kaffee* auch, weil wir uns meistens nachmittags zur Kaffeezeit zusammen an das nächste Kapitel dieses Textes machten.

Das Lesen dieser gemeinsam verfassten Biografie kann ein Anstoß/ein „Wegweiser" sein, um sich Zeit für wichtige Menschen im Leben zu nehmen und ihnen sanft die Fragen zu stellen, die sie noch stellen möchten, bevor es zu spät ist. Auch wenn keine – oder anders als erwünschte – Antworten kommen: immerhin konnte man noch fragen. Wie die Person dann darauf reagiert, ist ihre Sache.

Ich habe das Gefühl, viel aufzuholen, was ich früher, vor allem als Kind und Jugendliche, versäumt habe. Das tut mir gut. Ich habe das Gefühl, stärker und ein besserer Mensch zu werden.

Burg, 2016
Sonja Görnitz

Vielen Dank!

Vielen herzlichen Dank an:
- Das Team vom DRK-Haus Sonnenschein für das sichere und so angenehme Umfeld
- Sabine Studt, Andreas Claus und dem Ehepaar Osterholz für die medizinische Betreuung meines Vaters
- Annette Nonnenmacher als eine Person unseres Vertrauens, die in Burg wohnt, dafür dass sie und ihr Vater Fritz für meinen Vater da sind, während ich Dinge in Sydney kläre
- Linda Böttjer, das Ehepaar Erika und Hinne Pruter und das Team von der Senioren-WG im Bojehaus in Brunsbüttel (und vorher im Friedrichshof in Dingen), wo mein Vater sehr schöne Jahre verbracht hat
- Günter Bouvain, der Hunderte oder eher Tausende von Dias meines Vaters eingescannt hat
- Otto Biedermann, dem ehemaligen Berufsbetreuer meines Vaters, der ihm 2008 das Leben gerettet hat und der uns noch ab und zu zum Kaffee besuchen kommt
- Christine Geßlein, der ehemaligen Berufsbetreuerin meines Vaters, dafür, dass sie sich um die behördlichen Angelegenheiten (unter anderem für drei Umzüge) gekümmert hat
- Die Teams von den Westküstenkliniken in Brunsbüttel und Heide, dem Klinikum Itzehoe, dem Evangelischen Krankenhaus Alsterdorf und der geriatrischen Klinik im Albertinen-Haus in Hamburg
- Die Gruppe vom Blauen Kreuz (für Alkies/Suchtkranke und Angehörige) in Burg und 12-Schritte Programme in Hamburg
- Dr. Urte Pöhlmann in Hamburg, die mich medizinisch betreute
- Maren von Osten, das Ehepaar Bossen und Petra Dummann, deren Ferienhaus/-wohnungen ich in Burg mietete
- Prof. Dr. M.A. Ralph Schmidt von der HAW Hamburg.

Prost Kaffee: Kindheit

In Australien bedanke ich mich bei:
- Peter FitzSimons, der mir Arbeit gab und von dem ich beruflich und menschlich viel gelernt habe
- der Westpac Bank, die mir einen Kredit für diese Reise gegeben hat
- Elna Schönfeldt, die mir *remote work* (Telearbeit) als Redakteurin für LexisNexis Australia ermöglichte
- einer 12 Schritte-Selbsthilfegruppe, mit der ich via Facebook und Email in Kontakt bleibe, sowie Bernadette, meiner mentalen bzw. spirituellen Sponsorin
- der Beraterin Manjula Nair
- meiner Freundin Clare Calvet, die nach meiner PO Box schaute
- die Agentur meiner Wohnung, die mir das Untervermieten erlaubt hat; und dann meinen Untermietern Dana, Mikaela und Tony, und zuletzt Jim
- meiner Nachbarin Tiffany, die ein Auge auf meine Wohnung behielt.

Für die Hilfe bei unserem Buch ein dickes Dankeschön an:
- Tante Diddi für ihren Brief
- Meine Mutter für Familieninfos (inklusive der Briefe von/an meinen Vater) und fürs Korrekturlesen vom Vorwort, Nachwort und dem Ratgeber-Teil „Biografiearbeit – Wie macht man das?"
- Christel Schulze für Familienfotos und –infos
- Sandra Weis für ihre Inspiration für das Vorwort
- Marc Thaden für seine Inspiration für den Ratgeber-Teil „Biografiearbeit – Wie macht man das?"; seine Hinweise zur Struktur und zum Layout und die Erlaubnis, seine Fotos sowie seinen Beitrag über meinen Vater und mich in der *Dithmarscher Zeitung* vom 8. Januar 2016 zu verwenden
- Petra Dummann für das Engagement zum gemeinsamen Arbeiten an unseren Texten, um sie bei einem Literaturwettbewerb einzureichen, und für ihre Ideen, was das Layout und die Vermarktung von *Prost Kaffee* betrifft
- Annette Nonnenmacher für die direkte, detaillierte und engagierte Evaluation unseres Manuskripts und für ihre Verbesserungsvorschläge – samt neugeschriebenem Vorwort!

- Maren von Osten für das Angebot für eine Lesung in ihrem Laden (Teeburg am Holzmarkt) in Burg
- Evelyn Benke vom Deutschen Patent- und Markenamt in Berlin, Monika Lachnik von der Staats- und Universitätsbibliothek Hamburg Carl-von-Ossietzky, Jutta Schöffel von der Staatsbibliothek zu Berlin (Preussischer Kulturbesitz) und Sylvia Schönwald von der Deutschen Nationalbibliothek in Leipzig; Elmar Kilz und Andreas Fuchs von Berliner Forsten, Susan Hortmann von Vattenfall und Dario Pellizzon von der Università Ca' Foscari in Venedig.

***

Oft denke ich, wenn man in Australien oder in Deutschland zum Arzt oder ins Krankenhaus muss: gut, dass wir in einem Erste-Welt-Land leben! Man stelle sich vor, man sei im Busch oder im Mittelalter. Wir haben es sehr gut. In diesem Sinne bin ich für das hiesige Gesundheits-, Renten- und Sozialsystem, insbesondere die Pflegekasse, die Rentenkasse und das Sozialamt sehr dankbar.

Prost Kaffee: Kindheit

Joachim: „Auf einmal is' man tot und man merkt es gar nicht".

Kapitel 1 | 1939: „Erst mal richtig zur Sache"

Eigentlich ist der Kaffee hier immer recht gut, aber heute sind „Krümel" drin, weil der Filter umgeknickt war. Egal. Wir fangen mit dem Schreiben der Biografie an.

Mein Vater Joachim Eberhard Görnitz wurde 1939[2] an einem Samstag zu Hause in Berlin-Tegel[3], im Tile-Brügge-Weg, im zweiten Stock[4], „im Bett"[5] geboren – eine Hausgeburt – und zwar „blau und mit orangen Haaren"[6].[7]

Joachim weiß über seine Geburt sonst nichts weiter.[8]

Er ist Steinbock (zweite Dekade).

Seine Schwester Hildegard kam 1933[9] zur Welt und sein Bruder Otto 1930[10], beide auch in Berlin[11]. Es sollten keine weiteren Kinder mehr kommen.

Obwohl Joachims Geschwister typisch deutsche Namen hatten – **Otto** Paul Friedrich[12] und **Hildegard** Margarethe Erna[13] – bekam **Joachim** Eberhard diesen eher ungewöhnlichen Vornamen. Der Name Joachim stammt aus dem Hebräischen...[14]

Otto trug seinen Vornamen „wie eine Familienfackel"[15]: Der Name des Vaters war Otto, der des Großvaters war auch Otto, und vermutlich hieß der Urgroßvater genauso. (Nein, der Urgroßvater hieß Gotthilf Gottlieb Görnitz[16].) Sogar die *Initialen* der beiden Mittelnamen von Joachims Bruder Otto und ihrem Vater Otto – also P. und F. – sind gleich! Nichts zu machen.

Hildegards Name war der gleiche wie der von der Schwester des Vaters.[17] Ihr Spitzname war – bis ins Alter – „Diddi".

Prost Kaffee: Kindheit

Aber der Name Joachim wirkte ein bisschen sonderbar. Wie auch immer, sein Spitzname wurde „Achim" – und dann „Goldmännchen", aber dazu später.

Joachims Eltern haben 1929 geheiratet...

> Mein Vater und ich hüpfen zwischen diesem Text hier, einer Textdatenbank und einer Bilddatenbank hin und her.

Joachims Eltern haben *am 20. April* 1929 geheiratet.

Foto 1: Hochzeit von Joachims Eltern (20. April 1929) – das Bild hängt jetzt bei meinem Vater im Zimmer.

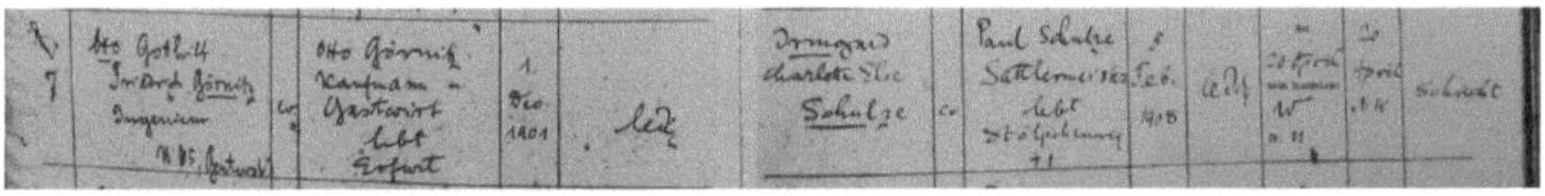

1939–1945

Foto 2: Auszug aus dem Kirchenbuch mit den Daten der Eheleute und ihrer Väter – die beiden Väter waren die Trauzeugen.

Der handgeschriebene Eintrag im Kirchenbuch der Gemeinde Berlin-Wannsee zeigt:

Irmgard Charlotte Else Schulze (geboren am 5. Februar 1908[18]) heiratete **Otto** Gotthilf Friedrich Görnitz (Ingenieur, geboren am 1. Dezember 1901). Beide waren bis dato ledig.[19]

Vor der Trauung wohnten die zwei Verliebten bzw. Verlobten noch getrennt: Er in der Genterstraße 3 (in Wedding) und sie im Stölpchenweg 41 (in Wannsee).[20]

Als Trauzeugen kamen: „Paul Schulze, Sattlermeister, lebt {im} Stölpchenweg 41 {in Berlin}"[21] (55 Jahre alt) und „**Otto** Görnitz, Kaufmann und Gastwirt, lebt {in der Gutenbergstraße 57 in} Erfurt"[22] (51 Jahre alt).[23]

Der Standesbeamte fragte die Verlobten nacheinander: „Wollen Sie die Ehe mit ... eingehen?"

„Ja..."

Der Beamte sagte dann: „Kraft des bürgerlichen Gesetzbuches sind Sie nunmehr rechtmäßig verbundene Eheleute".[24]

Dann unterschrieben **Otto** Gotthilf Friedrich Görnitz, Irmgard Charlotte Else Görnitz, geborene Schulze, Paul Schulze und **Otto** Görnitz das Bündnis beim Standesamt.[25]

Wir freuen uns über die **Ottos** in der Familie. ☺

15

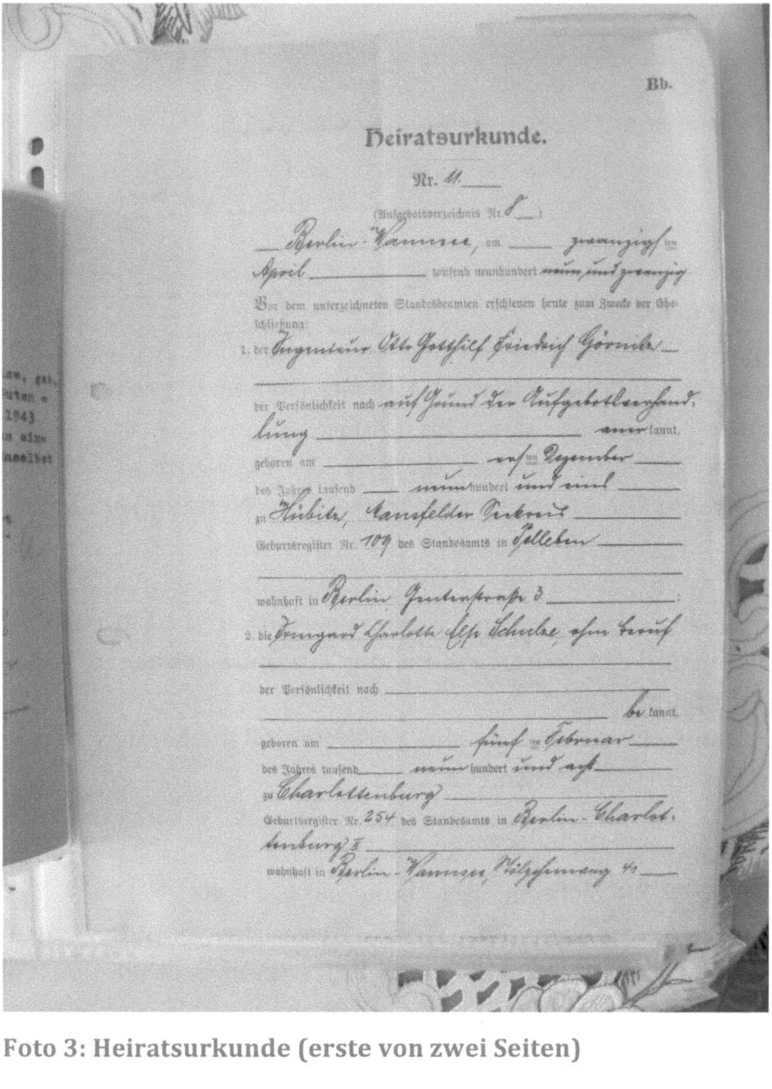

Prost Kaffee: Kindheit

Foto 3: Heiratsurkunde (erste von zwei Seiten)

Gäste der kirchlichen Trauung ließen sich „Ochsenschwanzsuppe; Lachs mit Remouladensauce, Kalbsrücken mit Gemüse, Filet mit Gemüse, Salate; Kompott, Eis; Butter und Käse" schmecken.[26]

Foto 4: Speiseplan am Tag der kirchlichen Trauung

Foto 5: Gutes Beispiel: "Oma und Opa Wannsees" Silberhochzeit (1927)

Fotos von Koblenz aus dieser Zeit deuten darauf hin, dass das Ehepaar ihre Flitterwochen dort verbracht hat. Von allen Bildern her scheint Koblenz ihr entferntestes Reiseziel gewesen zu sein.

Foto 6: Koblenz, Deutsches Eck (ca. 1929)

Prost Kaffee: Kindheit

Irmgard Görnitz stammte aus höherer Gesellschaft.

Joachim: „In Wannsee hatten sie ja immer ein... – wie nennt sich das? – ...Zimmermädchen, und so wurde Mutter erzogen. Sie brauchte an und für sich selber nichts {zu} machen. Sie stand standesgemäß höher als andere".[27]

Foto 7: Joachims Mutter Irmgard rechts und ihre Mutter Anna („Oma Wannsee") links in Berlin-Wannsee

Nach der Hochzeit und der Geburt der Kinder, so Joachim über seine Mutter, "musste sie {als Hausfrau} – *bürgerlich* sozusagen – selber kochen und saubermachen, sich um die Kinder kümmern. Übers Kochen und Essen kann ich nicht klagen, weil ich ja zu klein war. Vater hatte das Sagen."[28]

***

1901: Joachims Vater Otto Görnitz wurde im kleinen Ort Hübitz im Mansfelder Seekreis geboren.[29]

Hübitz liegt etwa 100 km/rund eine Autostunde nordwestlich von Leipzig und 200 km/rund zwei Autostunden südöstlich von Hannover.[30] – Bei solchen Recherchen ist mit aufkommendem Reisefieber zu rechnen...

Otto hatte neben seiner Schwester Hildegard einen Bruder: Waldemar. Waldemar wurde später Studienrat. Und Hildegard heiratete mit 19 Jahren den Regierungsinspektor Friedrich-August Honig, der aus dem Elsass stammte.[31]

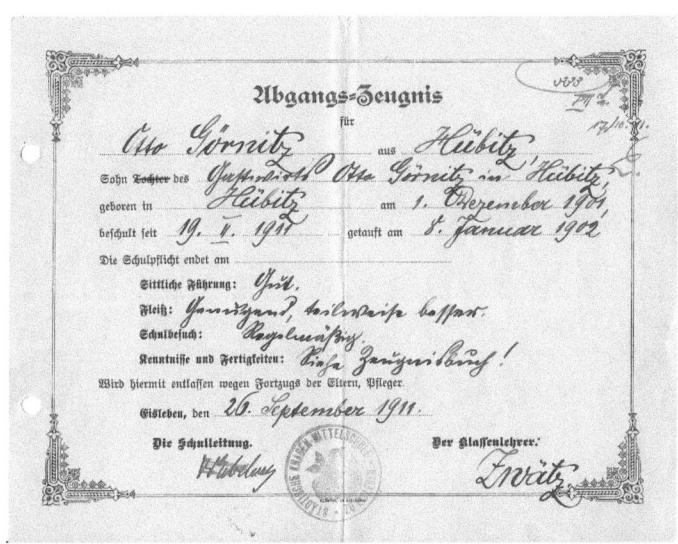

Foto 8: Abgangs-Zeugnis von Joachims Vater (26.9.1911, Eisleben)

Ottos Abgangs-Zeugniss von 1911 (siehe oben) weist darauf hin, dass die Familie Görnitz in dem Jahr von Hübitz nach Erfurt (also rund 100 Kilometer in den Süd-Süd-Westen[32]) umgezogen ist.

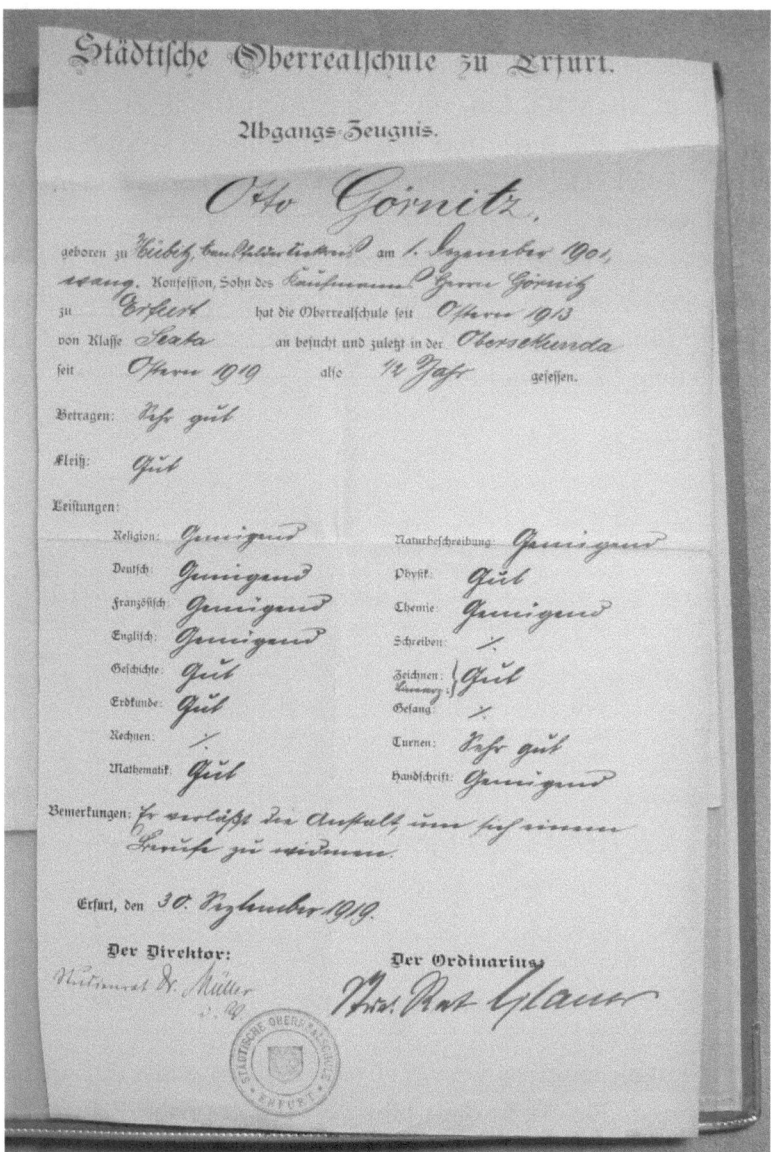

Foto 9: Das nächste Abgangs-Zeugnis kommt von der Städtischen Oberrealschule zu Erfurt (30.9.1919)

Die Familie Görnitz lebte in Erfurt in der „Gutenbergstraße 57 I {also vermutlich im ersten Stock}“[33]. Diese Adresse steht im Ausbildungsvertrag für Joachims Vater bei R. WOLF vom 1. Oktober 1919.

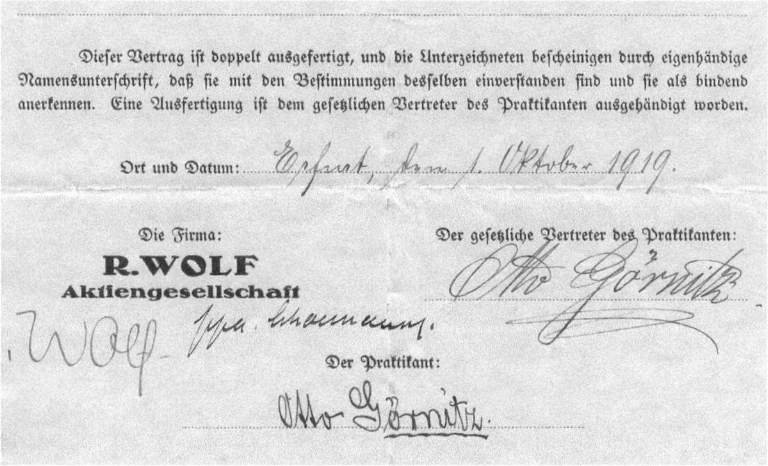

Dieser Vertrag ist doppelt ausgefertigt, und die Unterzeichneten bescheinigen durch eigenhändige Namensunterschrift, daß sie mit den Bestimmungen desselben einverstanden sind und sie als bindend anerkennen. Eine Ausfertigung ist dem gesetzlichen Vertreter des Praktikanten ausgehändigt worden.

Ort und Datum: Erfurt, den 1. Oktober 1919.

Die Firma: R. WOLF Aktiengesellschaft

Der gesetzliche Vertreter des Praktikanten: Otto Görnitz

Der Praktikant: Otto Görnitz

Foto 10: Joachims Großvater unterschrieb den ersten Ausbildungsvertrag von Joachims Vater noch mit.

Ottos Mutter, also Joachims Großmutter, Emilie Luise Auguste Görnitz (geborene Körber)[34] – oder nun einfach „Oma Erfurt“ – stammte ursprünglich aus Helmsdorf und war Hauswirtin.[35]

Ottos Vater bzw. nun „Opa Erfurt“ hatte in Hübitz ein Restaurant betrieben, was uns eine alte Postkarte von der Gaststätte offenbarte.

Papa, weißt Du, was Dein Opa dann beruflich machte?

Joachim: „Das habe ich erst später erfahren. Opa machte irgendwas mit Grundstücken oder mit Häusern.“[36]

In den 1990er Jahren erbte mein Vater von ihm einen Anteil eines mehrstöckigen Wohnhauses (in der Gutenbergstraße 57[37]) in Erfurt.[38] Damit können wir uns später noch beschäftigen...

Prost Kaffee: Kindheit

Foto 11: Familie Görnitz in Erfurt, ca. 1922 (von links): „Oma Erfurt", Otto, Hildegard und „Opa Erfurt" – wo ist Waldemar?

Zwischen den Familienfotos lag eine Postkarte vom Polytechnikum in Arnstadt (etwa 20 Kilometer süd-süd-westlich von Erfurt). Hier hat Otto Görnitz von 1921 bis 1924 Elektrotechnik studiert und im April 1924 die Prüfung für Elektro-Ingenieure mit „Gut" bestanden. Mein Vater und ich haben Mitte 2016 zudem die Zeugnisse von diesem Institut zwischen den Papieren gefunden.

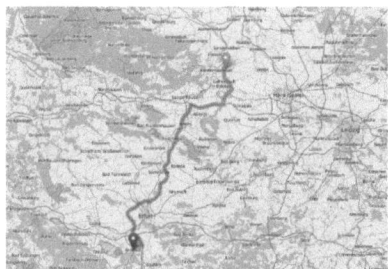

Foto 12: Umzug von Hübitz via Erfurt nach Arnstadt[39]

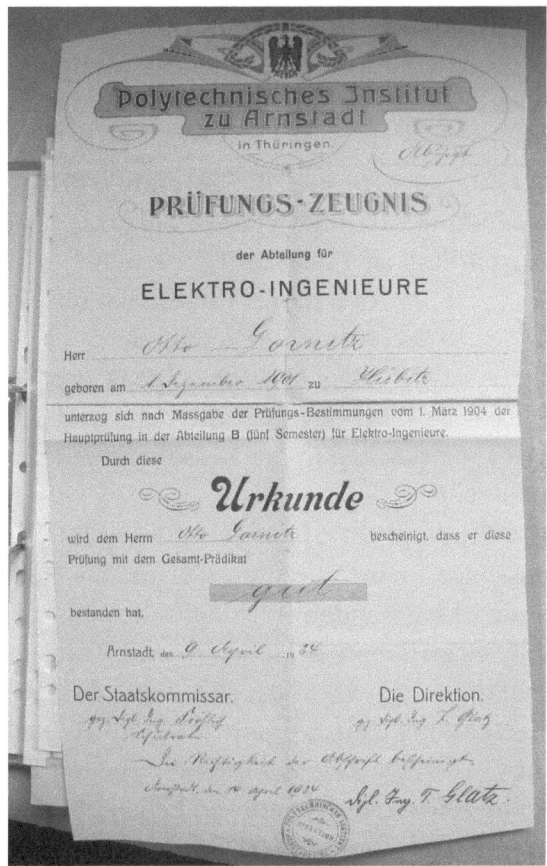

Foto 13: Otto Görnitz' Zertifikat als Elektro-Ingenieur (1924)

Nach so einigen Arbeitsverträgen bekam Otto Görnitz eine Stelle in Berlin als Monteur – oder Ingenieur – im Bereich „Starkstrom bei {der} BEWAG {Berliner Städtische Elektrizitätswerke Aktiengesellschaft[40]} und AEG {Allgemeine Elektricitäts-Gesellschaft[41]}"[42], wo er dann langfristig blieb. Aber der Reihe nach... Bevor er zur BEWAG kam, durchlief er diese Stationen:

Prost Kaffee: Kindheit

- **30. September 1919:** Abgang von der Städtischen Oberrealschule zu Erfurt[43] mit einem „Zeugnis über die wissenschaftliche Befähigung für den einjährig-freiwilligen Dienst"[44]
- **1. Oktober 1919 bis 28. September 1920:** R. WOLF AG (Abteilung Lokomotivfabrik Hagans), Erfurt; wo seine Ausbildung als Praktikant/Volontär
    - 6 Wochen in der Teilschlosserei
    - 6 Wochen in der Schmiede
    - 12 Wochen in der mechanischen Werkstatt
    - 26 Wochen in der Montage und
    - 2 Wochen in der Kesselschmiede

    erfolgte.[45]
- **1. Oktober 1920 bis 31. Oktober 1921:** AEG Installations-Büro **Erfurt**; wo Otto Görnitz als Volontär „mit allen vorkommenden Arbeiten wie Neu- und Umwickeln von elektrischen Maschinen und Transformatoren beschäftigt" wurde und „alle diese Arbeiten mit gutem Verständnis und Sorgfalt ausgeführt {hat}, sodass wir ihm in letzter Zeit komplette Arbeiten und Prüfungen völlig selbständig ausführen ließen".[46]
- **Wintersemester 1921/22 und Sommersemester 1922:** Polytechnisches Institut, Arnstadt; Elektrotechnik A[47]
- **2. September bis 30. Oktober 1922:** AEG Installations-Büro **Erfurt**; wo er „als Hilfsmonteur mit der Ausführung von Maschinenreparaturen beschäftigt war" und danach „erfolgt sein Austritt auf eigenen Wunsch. Wir haben denselben als Monteur entlassen".[48]

1939–1945

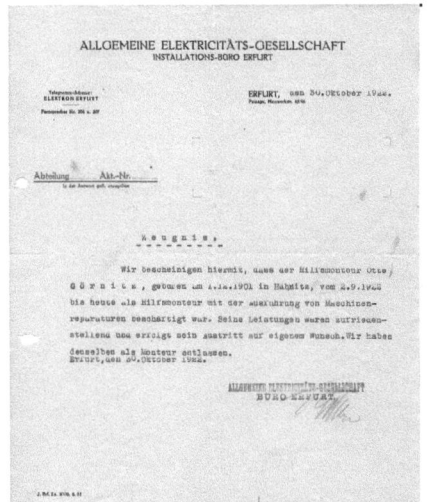

Foto 14: Otto Görnitz' Zeugnis
– noch von der AEG in Erfurt

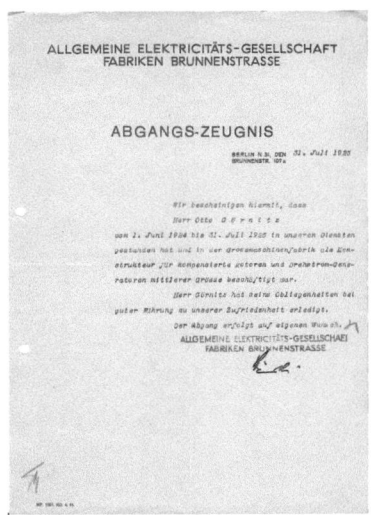

Foto 15: Otto Görnitz' Zeugnis
– schon von der AEG in Berlin

- **Wintersemester 1922/23 (und vermutlich das Sommersemester 1923 und das Wintersemester 1923/24[49]):** Polytechnisches Institut, Arnstadt; Elektrotechnik B[50]
- **9. April 1924:** Polytechnisches Institut, Arnstadt; Prüfung für Elektro-Ingenieure mit „Gut" bestanden[51]
- **1. Juni 1924 bis 31. Juli 1925:** AEG Fabriken Brunnenstrasse, **Berlin**; wo Otto Görnitz „in der Grossmaschinenfabrik als Konstrukteur für kompensierte Motoren und Drehstrom-Generatoren mittlerer Größe beschäftigt war" und er „seine Obliegenheiten bei guter Führung zu unserer Zufriedenheit erledigt" hat.[52]
- **1. August 1925 bis 30. Juni 1926:** Bergmann-Elektricitäts-Werke, Berlin; wo Otto Görnitz „mit der Konstruktion mittlerer und kleiner Drehstrom-Motoren für den Serienbau beschäftigt war und seine Arbeiten zu unseren Zufriedenheit erledigt hat".[53]

Prost Kaffee: Kindheit

Foto 16: War dies Ottos Bewerbungsfoto?

Foto 17: ... oder dies?

Spätestens ab April 1926 wohnte Otto Görnitz in der Genterstraße 3 in Berlin N65 (in Wedding).[54] Vermutlich schrieb er dort seine Bewerbungen, zum Beispiel diese:

- Erst eine auf eine Annonce in der „E.T.Z." hin,
- dann eine im Juni als **Elektro-Ingenieur** an die BEWAG (hierfür schickte er „3 Blatt Zeugnisabschriften" mit).[55]

Im Juli des Jahres fing er dann bei der BEWAG an.[56] Dort schien es ihm aber nicht so ganz gefallen zu haben, denn nach einiger Zeit verschickte er wieder Bewerbungen:

- Nach sechs Monaten an die Städtischen Gas-, Wasser- und Elektrizitätswerke[57],
- nach sieben Monaten an die AEG in Berlin [58] und

- nach acht Monaten an die Berliner Straßenbahn (hierfür legte er „3 Blatt Zeugnis-Abschriften, 1 Lebenslauf und 1 Lichtbild" bei).[59]

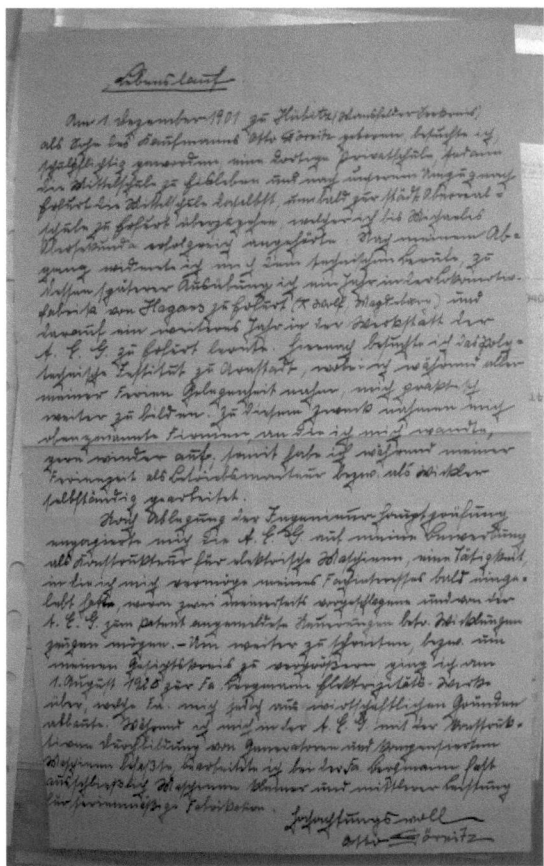

Foto 18: Otto Görnitz' Lebenslauf (ca. 1927)

Dann, zehn Monate nach seiner Einstellung schrieb Otto Görnitz eine Art Beschwerdebrief an die Betriebsleitung der BEWAG.[60] Knapp vier Monate hiernach, im September 1927, einigten sich Arbeitgeber und Arbeitnehmer in einem Nebenvertrag.

Prost Kaffee: Kindheit

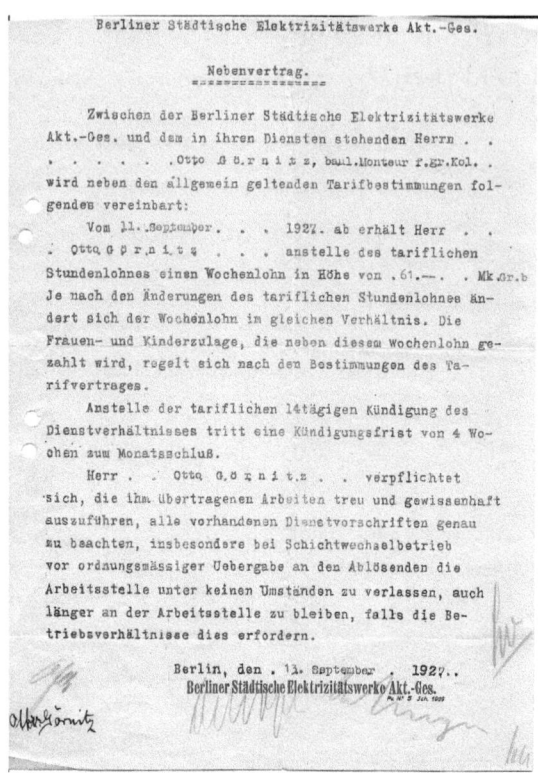

Foto 19: Otto Görnitz handelte einen Wochenlohn von 61,- RM als „baul. Monteur f. gr. Kol." aus. (Eine Frau und Kinder hatte er zu der Zeit noch nicht.)

Joachims Vater wurde also nicht als Ingenieur, sondern als Monteur eingestuft (vermutlich in die Besoldungsgruppe IV B oder IV A) und bekam deshalb weniger Geld. Dies entspricht seinem Stand wie nach nur *drei* statt *fünf* Semestern Studium, das heißt auch: wie *vor* statt *nach* der Ingenieurs-Prüfung. Und noch abgesehen von der Berufserfahrung! – Und wieso überhaupt *Nebenvertrag*?[61]

Nun fuchste ich mich in Bücher und Broschüren der BEWAG rein:

Eine Reichsmark in den Jahren 1924–1936 entsprach etwa 6,65 Euro im Jahr 2015.[62]

Laut Tarifvertrag gab es im Jahr 1927 für Ingenieure (das heißt in der Besoldungsgruppe III B oder III A) monatlich:

- 300,-/375,- RM Grundgehalt
- 96,- RM Wohngeldzuschuss und
- 9,-/11,25 RM örtlichen Sonderzuschlag.

Das macht soweit 405,-/482,25 RM als Anfangsgehalt, welches sich jährlich erhöhte. Nach einem Jahr Betriebszugehörigkeit wären es für Otto insgesamt **422,17/499,42 RM** gewesen – wenn er als *Ingenieur* eingestuft gewesen wäre.[63]

Als *Techniker* (in der Gruppe IV B oder IV A) standen ihm nach einem Jahr in der Firma laut Tarifvertrag **325,20/366,38 RM** zu. Das setzt sich aus 245,83/262,50 RM Grundgehalt, dem Wohnungsgeldzuschuss und dem örtlichen Sonderzuschlag zusammen.[64]

Vom Nebenvertrag ausgehend, worin **61,- RM pro Woche** vereinbart wurden, stand Otto in der Gruppe IV *B* (also für niedrigere Techniker).[65]

Und dieser Vertrag soll schon eine Verbesserung gewesen sein...[66]

Naja, man kann noch weitere Bücher über die BEWAG und wie sie sich finanzierte schreiben, aber zurück zur Familiengeschichte!

Am 6. März 1928, nach 20 Monaten Arbeit bei der BEWAG, bewarb sich Otto intern „als Elektro-Ingenieur – speziell für die Bearbeitung aller vorkommenden Überstrom- und Relaisfragen".[67]

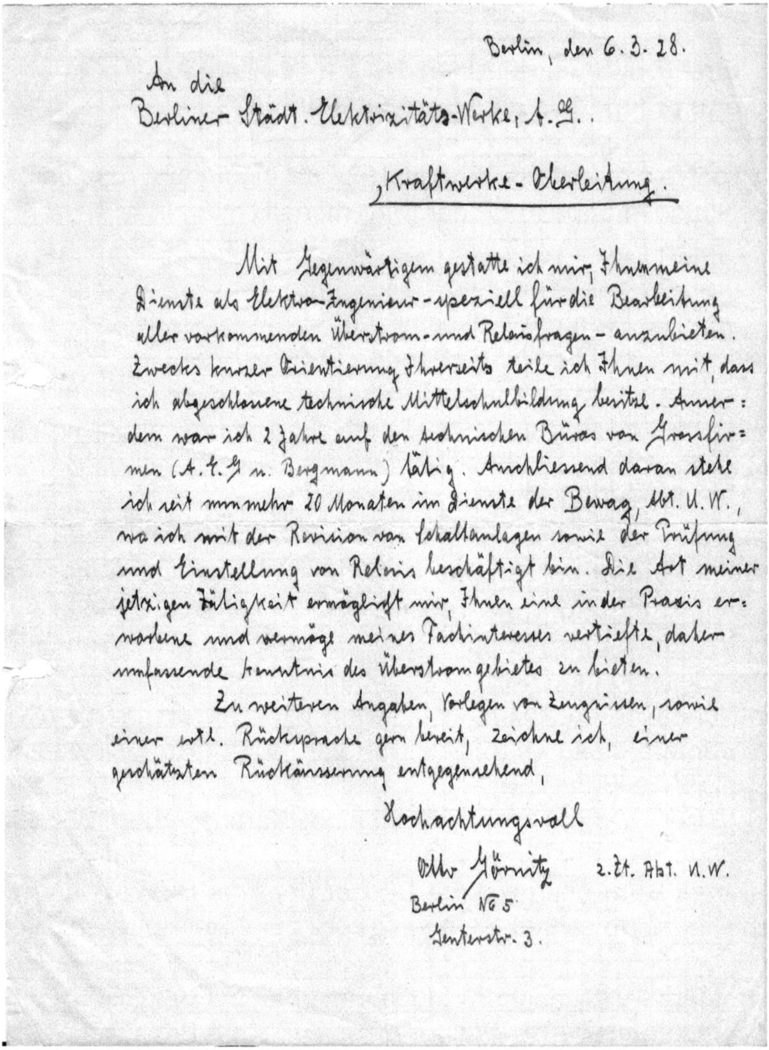

Prost Kaffee: Kindheit

> Berlin, den 6.3.28.
>
> An die
> Berliner Städt. Elektrizitäts-Werke, A.G.
>
> „Kraftwerke-Oberleitung."
>
> Mit Gegenwärtigem gestatte ich mir, Ihnen meine Dienste als Elektro-Ingenieur - speziell für die Bearbeitung aller vorkommenden Überstrom- und Relaisfragen - anzubieten. Zwecks kurzer Orientierung Ihrerseits teile ich Ihnen mit, dass ich abgeschlossene technische Mittelschulbildung besitze. Ausserdem war ich 2 Jahre auf den technischen Büros von Grossfirmen (A.E.G. u. Bergmann) tätig. Anschliessend daran stehe ich seit nunmehr 20 Monaten im Dienste der Bewag, Abt. U.W., wo ich mit der Revision von Schaltanlagen sowie der Prüfung und Einstellung von Relais beschäftigt bin. Die Art meiner jetzigen Tätigkeit ermöglicht mir, Ihnen eine in der Praxis erworbene und vermöge meines Fachinteresses vertiefte, daher umfassende Kenntnis des Überstromgebietes zu bieten.
>
> Zu weiteren Angaben, Vorlegen von Zeugnissen, sowie einer evtl. Rücksprache gern bereit, zeichne ich, einer geschätzten Rückäusserung entgegensehend,
>
> Hochachtungsvoll
>
> Otto Görnitz   z.Zt. Abt. U.W.
> Berlin N65
> Senkenstr. 3.

Foto 20: Otto Görnitz möchte endlich als Ingenieur arbeiten.

Foto 21: Otto Görnitz, ca. 1928

Otto war ein anständiger, intelligenter und fleißiger Mann – und sportlich noch dazu. Das sagen jedenfalls seine Zeugnisse:

- „Sittliche Führung: Gut. Fleiß: Genügend, teilweise besser. Schulbesuch: Regelmäßig."[68]
- „Betragen: Sehr gut. Fleiß: Gut. {...} Turnen: Sehr gut."[69]
- „Seine Führung und Fleiss war stets einwandfrei."[70]
- „Sein Betragen war einwandfrei."[71]

Mittlerweile hat er auch seine zukünftige Frau Irmgard Schulze kennen gelernt. Hat sie ihm Kraft gegeben, sich bei der BEWAG besser durchzusetzen?

Prost Kaffee: Kindheit

Foto 22: Vermutlich das erste Bild von Joachims Eltern, meinen Großeltern zusammen

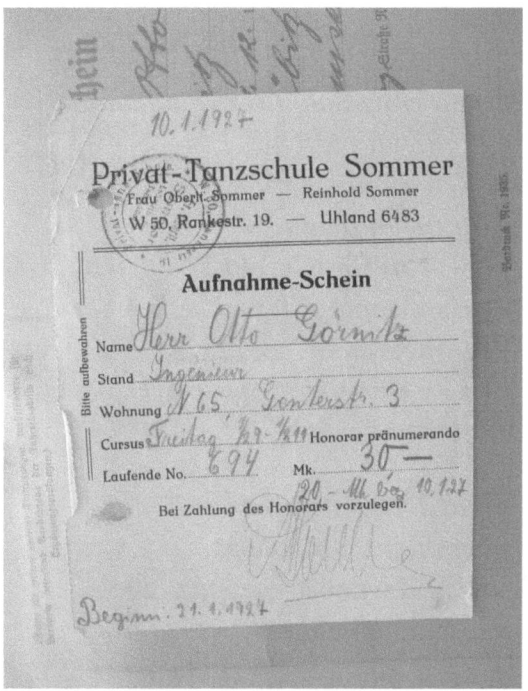

Foto 23: Otto meldete sich Anfang 1927 zum Tanzkurs an.

Joachim sagte, seine Eltern haben sich vielleicht bei einem Tanzkurs kennen gelernt. Otto hatte so einen Kurs am Freitag, den 21. Januar 1927 begonnen.

Oooooder könnte ihr erstes Treffen bei der Silberhochzeit der Eltern von Joachims Mutter („Oma und Opa Wannsee") am 14. Juni 1927 gewesen sein?

Jaaah! Ich fand eine Festschrift für das 25. Jubiläum, und darin personalisierte Liedertexte, die zu den Melodien von „Strömt herbei ihr Völkerscharen", „Studio auf einer Reis" und „Am grünen Strand der Spree"[72] gesungen wurden. Es war *bestimmt* Otto Görnitz, der auf dieser Feier gewesen ist und dem die folgende Strophe gewidmet wurde:

Prost Kaffee: Kindheit

> *Herr Görnitz Solo tanzt bei Sommer,*
>   *Jumheidi jumheida*
> *Ist auch zu uns herausgekommen*
>   *Jumheidi heida.*
> *Wenn beim Charleston Beine geh'n wie'n Quirl,*
> *Das Herz schlägt höher jedem Girl!*
>   *Jumheidi usw.*[73]

Vorher ging eine Strophe so:

> *Irmgard, der Stolz in der Familie,*
>   *Jumheidi jumheida*
> *Blüht und wächst wie eine Lilie*
>   *Jumheidi heida.*
> *Sie spielt Klavier, tanzt* Black Bottom
> *Wenn sie so kocht, dann heil dem Mann!*
>   *Jumheidi usw.*[74]

Welch' Freude, als ich mir „*The Real ‚Black Bottom' Dance* (1927)" im Internet auf YouTube ansah! Ich postete dann auf Facebook: „*The joys of research...*, die Freuden der Recherche..."[75]

So, weiter im Text:

Joachims Vater tanzte also gut und gern. Außerdem ruderte er auf dem Stölpchensee. – Wie wär's, dort mal rudern zu gehen? Einen Berliner Ruder-Club am kleinen Wannsee gibt es noch.[76]

1939–1945

Foto 24: Joachim spontan zu diesem Bild: "Dat is' in Wannsee".[77] "Dat Ruderboot is' vom Stölpchensee."[78]

Foto 25: "Er war da noch nicht verheiratet."[79] (Ca. 1926)

Gleich beim Stölpchensee, angrenzend an den Prinz-Friedrich-Leopold-Kanal (jetzt Griebnitzkanal)[80], im Stölpchenweg Nr. 41 wohnten „Oma und Opa Wannsee", ihr Sohn Kurt und ihre Tochter Irmgard. Vom Haus aus konnten sie Rudernde, die dort zwischen dem Großen Wannsee und dem Griebnitzsee unterwegs waren, sehen. Man konnte (theoretisch) am Ufer sogar miteinander plaudern.

Prost Kaffee: Kindheit

Foto 26: Das alte Haus von "Oma und Opa Wannsee"[81]
Joachim: „Das Haus gibt es heute noch. Da sind aber drei Parteien drin oder mehr."[82]

1939–1945

Über die Jahre – bis 1938/39 – bauten „Oma und Opa Wannsee" ein Haus nebenan, im Stölpchenweg 43, und verkauften Nr. 41 an die Berliner Försterei.[83]

Foto 27: Nr. 43 und „rechts: altes Haus der Großeltern!"[84]

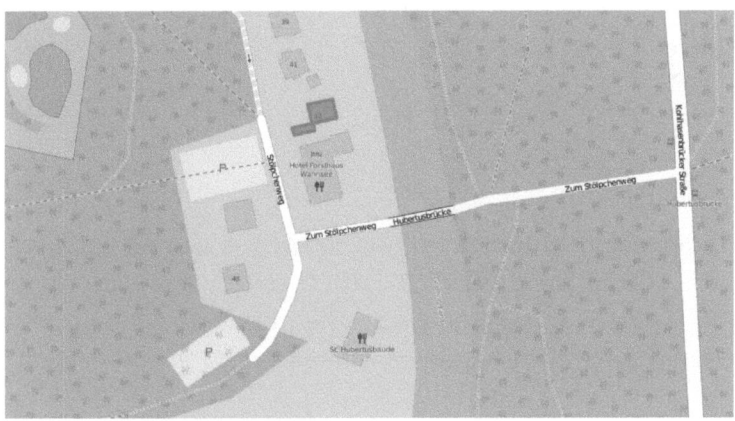

Foto 28: Stölpchenweg 43, zwischen Vergangenheit und Zukunft[85]

Prost Kaffee: Kindheit

Gleich in der Nähe der Häuser liegt die Hubertusbrücke (sie wird später eine Rolle spielen) und ein paar Schritte weiter die „Baude" – ein Restaurant. „Ich geh' mal eben zur Baude" ist das, was in der Familie über die Jahre dort oft gesagt wurde. Und hinter dem Haus, „so'n bisschen den Berg hoch, {da} geht's zum Golfplatz"[86].[87]

Joachim erinnerte sich an die Nachbarn „zwischen dem neuen Haus und der Brücke"[88], also im Stölpchenweg Nr. 45:

"Vorm Krieg da war der Kunze drin. Den nannte man ‚Knippelkunze'... Das war einer in schwarzer Uniform...

Der hatte, ich glaube, zwei oder drei Kinder, und Punkt 12 war Mittag: {Um} zehn vor 12 mussten sie alle am Tisch sitzen, mussten se da sein.

Dann ging er raus in Uniform, ganz stramm, und dann mit'm Gong. Und dann gongte er, schlug er auf'n Gong, und dann mussten die Kinder aber sofort kommen, die mussten sofort am Tisch sitzen.

Und wenn das nicht der Fall war, dann kriegten die Prügel mit'm Knüppel – und seine Frau gleich mit. Ja, und deswegen hieß er Knippelkunze."[89][90]

***

Papa, waren Deine Eltern Nazis?

„Ne. Weder noch. Mutter kam von Wannsee, die hatten ja eine Sattlerei, die waren handwerklich {tätig}; und Vater war bei der BEWAG."[91] „Beide waren keine Nazis. Sie mussten eventuell in die Partei eintreten, aber Nazis waren sie nicht."[92]

1939–1945

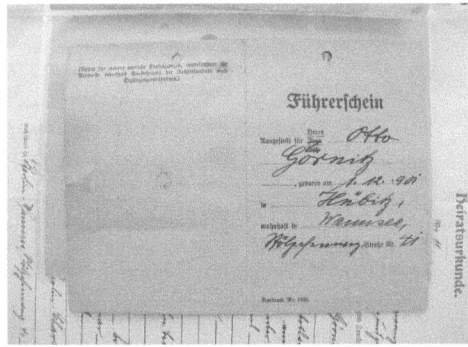

Foto 29: Ottos Führerschein von außen (5.6.1930)

Foto 30: Derzeit erlaubte die Führerscheinklasse 3b das Fahren von Kraftwagen ab 10 PS bis zu 2,5 t.[93]

Jedenfalls, in dem Jahr, als Joachim geboren wurde, „da brach der Zweite Weltkrieg aus. Ja, und da ging es erst mal richtig zur Sache", sagte Joachim.[94]

Der Krieg begann am 1. September 1939.[95]

Vorher verbrachte Joachims Familie allerdings noch eine schöne Zeit im Frieden: Zu Ostern des Jahres machten Otto (38) und Irmgard (32) mit ihren Kindern Otto (8), Diddi (5) und Joachim (3 Monate) Ausflüge in den Wald. Dabei entstanden vermutlich die ersten Fotos von Joachim.

Prost Kaffee: Kindheit

Foto 31: Ein Bad in der Sonne: mein Vater als Säugling – es gibt viele Fotos von mir als Säugling, aber nur wenige von ihm.

1939–1945

Von der Wohnung im Tile-Brügge-Weg aus konnte die Familie den Steinbergpark in nur wenigen Minuten zu Fuß erreichen. Dort gingen sie, auch wenn „Oma und Opa Erfurt" zu Besuch kamen, gern spazieren. Zum nächsten Foto kam mir plötzlich der Gedanke: Spricht es für sich, dass auf keinem einzigen Bild beide Großelternpaare, also „Oma und Opa Wannsee" *und* „Oma und Opa Erfurt" zusammen zu sehen sind? Hm.

Foto 32: Otto, Diddi, „Oma und Opa Erfurt", Otto, Irmgard und Joachim – drei Görnitz-Generationen im Steinbergpark in Berlin

Foto 33: Joachim sagt über Thiels: "Das war'n ganz friedliche Leute – und ick dazwischen".[96] (Foto von 1939)

Prost Kaffee: Kindheit

Im Juli 1939 wurden weitere schöne Fotos von Joachim und seiner Mutter im Steinbergpark in Tegel[97] gemacht. Darauf zu sehen sind auch Thiels – kinderliebe Freunde der Familie, die in der Nähe wohnten.[98]

Foto 34: Irmgard mit Joachim
(„Däumchen schmeckt!" schrieb Diddi darunter.)

1939–1945

Foto 35: Joachim gut ein halbes Jahr alt

***

Kapitel 2 | 1940: „Dann war Hildegard da"

Heute gab es Mandarinentorte.
Die Nachbarin schräg gegenüber ist gestorben. Sie war über 90.
Eine Mitarbeiterin sagte, sie werde sie vermissen.

Vielleicht war es Diddi gar nicht so recht, noch einen Bruder zu bekommen. Vielleicht hätte sie lieber ein Schwesterchen gehabt. Otto wiederum freute sich vielleicht sehr...

Foto 36: Irmgard mit Diddi und Otto – "Der Teddy, der war immer dabei. Nachher kam so'n großer Hund, so'n halber Schäferhund... {Der hieß dann} auch Teddy."⁹⁹

1939–1945

Später wird Diddi in einem Brief schreiben: „Mein älterer Bruder Otto, den ich vom Schoß meiner Mutti vertrieb, war oft sehr böse zu mir. Eifersucht. (Er war {ein} Mama-Kind.[100]) Wir spielten oft zusammen, er hatte immer das Sagen!

Mutti hat mir manchmal ein Märchen vorgelesen. Vati brachte mir die Uhrzeit und Schuhe zubinden bei. Ich war sehr neugierig. Das gefiel, glaube ich, meinem Vati."[101]

Foto 37: "Otto wollte immer das Sagen haben..."

Joachim bestätigt: „{Otto} machte {gern} ein' auf Kasper".[102] "{Er} wollte immer das Sagen haben, aber wenn es ernst wurde, dann war er verschwunden, dann war Hildegard da."[103]

Prost Kaffee: Kindheit

Foto 38: ...aber wenn es ernst wurde, dann war er verschwunden, dann war Hildegard da."[104]

Foto 39: „Opa Wannsee", Diddi, Irmgard und Otto mit Spitz Teddy (ca. 1939/1940)

Joachim sagt über seine Mutter und ihren Vater: „Die beiden verstanden sich gut. ‚Opa Wannsee' war ruhig."[105] „{Er} legte Wert auf Disziplin. Das ging auf Mutter über. Schon allein, wenn du am Tisch sitzt: die Hände mussten sauber sein, wir mussten diszipliniert dasitzen."[106]

Foto 40: *Nature and nurture*, Natur und Erziehung

Foto 41: Diddi 1940

Foto 42: Otto (3. März 1936)

Prost Kaffee: Kindheit

Diddi: „Im April 1940[107] kam ich in Tegel in die Schule. Otto war schon drei Jahre drin. Rechtes Haus Jungs, linkes Mädchen. Ich wollte Lehrerin werden, wie Fräulein Kerbaum, meine erste Lehrerin."[108]

Foto 43: Was bedeutet so eine Kennkarte? Ist das wie ein Pass? – „Ja", sagt Joachim.[109]

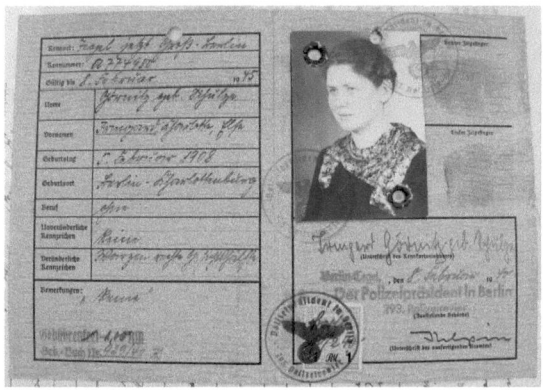

Foto 44: Irmgards Kennkarte – sogar mit Fingerabdrücken – wurde am 8. Februar 1940 ausgestellt.

1940: Otto Görnitz ernährte nun eine Frau und drei Kinder.

Foto 45: Joachims Vater mit 38

Mehr zu Ottos Arbeit bei der BEWAG:

Eine Reichsmark in den Jahren 1937/38 entsprach etwa 7,17 Euro im Jahr 2015.[110]

Bei der BEWAG hätte Otto im Juni **1940** (laut Gehaltsordnung vom 15. Januar 1939) als Ingenieur in der Gruppe 9[111] ein Grundgehalt von 365,- RM im Monat erhalten können.[112]

Für dauerhaft Beschäftigte gab es eine monatliche Treueprämie: nach 5 Jahren erhielten sie 18,- RM, nach 10 Jahren 36,- RM und

Prost Kaffee: Kindheit

nach 15 Jahren 54,- RM. Otto war mittlerweile seit 14 Jahren (!) dabei. Also hätten ihm soweit 401,- RM monatlich zugestanden.[113]

An monatlichen Sozialzuschlägen gab es zudem die sogenannte „Frauenzulage" (15,- RM) und die Kinderbeihilfe (18,- RM jeweils für das erste und das zweite Kind, und 23,- RM für das dritte Kind).[114] Ergo kamen 74,- RM monatlich für Ottos Familie dazu.

Wäre Otto als Ingenieur eingestuft gewesen, hätte er im Jahr 1940 also ein Gesamtgehalt von **475,- RM** pro Monat erhalten.

Aber so wie es aussieht, war stand er weiterhin als Techniker in der Gehaltsgruppe 8, das heißt er bekam vermutlich ein Grundgehalt von 310,- RM zuzüglich der 31,- RM Treueprämie dieser Gruppe 8. Das macht 341,- RM. Plus die 74,- RM für die Familie...

Ergebnis: **415,- RM** im Monat.

Nach der Machtübernahme der Nazis im Jahr 1933 waren die Einkommen sowieso gekürzt worden.

1927 gab es laut Tarifvertrag neben dem Lohn die Kinderbeihilfe von je 20,- RM für das erste und das zweite Kind, dazu 25,- RM für das dritte Kind. Demnach hätte Otto – zum Vergleich angenommen, er hätte dann eine Frau und drei Kinder gehabt – **470,-/547,25 RM** als monatliches Basisgehalt bekommen.

Unter den Nazis leitete sich der Urlaubsanspruch nur noch von dem Alter des Beschäftigten und nicht mehr von seinen Jahren der Beschäftigung ab. Als Resultat standen 1940 dem dann 38-jährigen Otto 21 Werktage Urlaub zu.[115] Nach dem alten Tarifvertrag hätte er Anspruch auf drei bis vier Wochen Urlaub gehabt.

Einiges wurde beibehalten: Krankheitszeiten wurden bezahlt[116], und wenn ein „Mitglied der Gefolgschaft" mindestens fünf Jahre für die BEWAG bearbeitet hat, gab es in seinem Todesfall die Weiterzahlung von drei Monatsgehältern an seine Witwe(n) und Kinder oder an seine bedürftigen Eltern.[117] Eine weitere Konstante: Erfindungen gehörten laut der Bestimmungen von 1928 sowie 1939 grundsätzlich dem Erfinder.[118]

***

1939–1945

Ein grober Überblick über die BEWAG in der Nazi-Zeit:
Nach der Machtergreifung der NSDAP besetzte die Sturmabteilung nach dem **30. Januar 1933** technische Einrichtungen der BEWAG, zum Beispiel das Kraftwerk Klingenberg, weil sie mit Protesten wie einer Arbeiterdemonstration oder sogar einem Generalstreik gegen die neue Führung gerechnet hat.[119]

Am **21. März 1933** wurden elf Betriebsratsmitglieder ins „wilde' KZ"[120] bzw. die „SA-Kaserne"[121] (General-Pape-Straße, Tempelhof-Schöneberg) verschleppt, wo man sie als „Kommunistenschweine" von der „roten Hochburg" beschimpfte.[122] Die Männer wurden physisch und psychisch malträtiert, zum Beispiel wurden sie geschlagen und mussten ansehen, wie jemand zu Tode geprügelt wurde. Einige Mitarbeiter (noch) in der neu zusammengesetzten BEWAG-Führung erreichten die Befreiung von erst acht, dann auch den restlichen drei Mitgliedern. Allen elf wurde danach gekündigt.[123]

Es gab keinen funktionierenden Betriebsrat – ab **April 1933** auch keine freien Gewerkschaften – mehr. Die Nazis schalteten „Arbeiter" und „Angestellte"[124] arbeitsrechtlich einfach gleich. Jeder wurde ein „Gefolgschaftsmitglied".[125] (Erst über ein Jahr später, im Juli 1934, wurde anstelle des Betriebsrats ein „Vertrauensrat" aus der NS-Betriebszelle der BEWAG eingerichtet.[126])

Am **21. April 1933** bekam die BEWAG Herrn von Mengershausen als Kommissar[127] als neue Führungsspitze zugeteilt, der aber einen Tag später durch Staatskommissar Dr. Lippert[128] ersetzt wurde. Der vorige Betriebsdirektor Dr. Meyer sowie andere Leiter waren wegen ihres jüdischen Hintergrundes kurzfristig entlassen worden.[129]

Am **1. Mai 1933** fand die bis dahin weltgrößte Massenkundgebung in Berlin-Tempelhof statt. Hitlers Rede galt als ihr Höhepunkt. Die BEWAG stellte die Technik und teilweise auch den Strom kostenlos dafür zur Verfügung. Es ist gut möglich, dass Otto – vielleicht sogar mit Irmgard (derzeit vier Monate schwanger mit Hildegard) und dem dann fast dreijährigen Sohn Otto – bei dieser Mega-Veranstaltung dabei war.

Prost Kaffee: Kindheit

Im **Juli 1933** bewirkten einige Leiter in der BEWAG-Führung, dass die wiederkehrten Spendenaufrufe der NSDAP reduziert wurden, zumal die BEWAG ihr schon viel Geld hatte, zum Beispiel 245.076,- RM an Adolf Hitler für die deutsche Wirtschaft.[130] Die neue Abmachung: keine weiteren „Einzelsammlungen" der Partei bis Mai 1934.

Ab **August 1933** galt es dann im Sportverein der BEWAG, „Wehrsport" zu betreiben.[131] – Wie sich das wohl aufs Rudern auswirkte?

NS-Agitation bis ins Detail: Ab Montag, den **9. Oktober 1933** sollte im Briefwechsel der Gruß „Hochachtungsvoll" durch den „deutschen Gruß" ersetzt werden.[132] Demgemäß beendete auch Otto seine Geschäftsbriefe nunmehr mit „Heil Hitler!".[133]

Vom Jahr **1934** fallen Dokumente von Ottos Stammbaum auf, die er dann zusammengetragen haben muss. Unter ihnen liegt die vom Erfurter Polizei-Präsidium gebührenfreie beglaubigte Abschrift über die Mutter seiner Mutter. Das Dokument zeigt oben auf der Seite:

```
Nur gültig zum Nachweis der arischen Abstammung
gemäß dem Gesetz z. Wiederherstellung des Berufs-
beamtentums.[134]
```

Dann:

```
Emilie Henriette B O R N E M E I E R ..........
ehel. Tochter des Schullehrers Johann Christoph
Adolf Bornemeier in Laßbruch .................
und der Henriette L a n g e aus Schwelentrup ...
ist geboren in Laßbruch/Lippe am 22. Februar 1842.
Sie gehörte der hiesigen evang. - reformierten
Kirchengemeinte an.[135]
```

Sein mit einigen Dokumenten nachgewiesener Stammbaum erlaubte es Otto, weiter für die BEWAG zu arbeiten.

Seine diplomatischen Gesuche nach einer Höhergruppierung, erst im Jahr **1934**, dann erneut **1935**, wurden anscheinend abgelehnt – mutmaßlich wegen der verordneten Sparmaßnahmen und/oder weil er nicht (aktiv) in der Partei war.

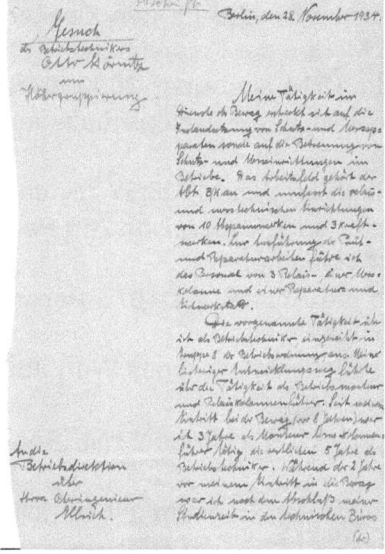

Foto 46: Ottos erstes Gesuch um Höhergruppierung

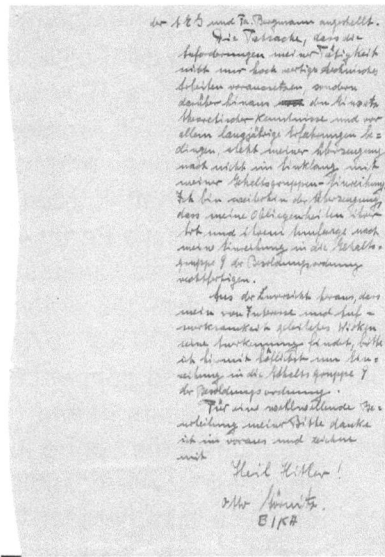

Foto 47: Seite 2 vom Gesuch

Otto muss frustriert gewesen sein. Er orientierte sich neu: Vom 19. Oktober 1936 bis zum 26. Januar 1937 machte er einen „100 Doppelstunden umfassenden Umschulungslehrgang Verbrennungsmotoren mit Konstruktionsübungen" und seine „Führung und Mitarbeit waren gut".[136]

Im Frühling **1936** und **'37** jeweils am Tag der Nationalen Arbeit[137] bot die BEWAG Betriebsausflüge auf einem Dampfer im Umkreis von Berlin an. Wahrscheinlich machte auch Otto diese Ausflüge mit. **1939** ging's dann mit der Reichsbahn in sieben Sonderzügen nach Neustrelitz, wo die gesamte Betriebsgemeinschaft eine Vorführung auf einem Truppenübungsplatz mit anschauen durfte – die Kosten für diesen Spaß: 40.000,- RM. Wie war das mit dem Sparen?[138]

Seit der Machtübernahme hatte sich die NS-Betriebsführung zuerst auf kapitalistische Erfolge konzentriert[139]. Dabei sollte die Belegschaft mehr Fleiß, Disziplin und Sparsamkeit einbringen.[140] Bald verlagerte sich die BEWAG auf die Vorbereitungen für den Zweiten Weltkrieg.[141] Neben der Politik, wegen Moden der Finanzmärkte?

Zwischen dem Ende 1932 und Mitte **1939** sind über 2000 neue Arbeitskräfte eingestellt worden, womit sich die Belegschaft von 6282 auf 8303 Personen erhöhte.[142]

Von der Belegschaft wurden allerdings im Jahr 1936/37 für den Wehrdienst 158, für die Partei 406 undfür andere Bereiche 280 Personen einberufen – also insgesamt 844 Personen.

In den Jahren 1937/38 erhöhte sich die Anzahl auf 1075 Personen und dann 1938/39 auf 1978 Personen.[143]

Die BEWAG wurde doppelt „übertölpelt" – ein typisches Wort aus dem Vokabular meines Vaters:
1. Sie musste die Löhne für die „Werksangehörigen" mit „Sonderurlaub" weiterbezahlen und
2. die „Arbeitskameraden" mussten deren Pensum mit verrichten.[144]

Der Sozialbericht von Ende **1939** färbt vieles braun. Darin klingt sogar diese Botschaft fast fröhlich: Der Ausbau der Luftschutzanlagen der BEWAG ging gut voran.[145]

Die Nazis hatten auch in der firmeninternen Bibliothek Veränderungen vorgenommen: in der Bücherliste von 1938 wirken zwischen den akademischen Genres „Romane, Erzählungen und Novellen", „Gedichte und Dramen", „Klassiker", „Fremde Länder und Völker", „Mathematik", „Naturwissenschaften" und „Sozialwissenschaften"[146] – selbst zwischen „Krieg und Nachkrieg", „Heimat" und „Geschichte"[147] – die Kategorien „Nationalsozialismus und Weltanschauung", „Rassenkunde, Volkskunde und Bevölkerungspolitik" und „Wehrkunde und Wehrpolitik"[148] abrupt eingefügt. „Undeutsche" Bücher waren nach Hitler-Manier verschwunden (verbrannt).[149][150]

1939–1945

Es finden sich keine Beiträge von oder über Otto in der pro-Regime Monatszeitschrift vom Werkverein *Der Stromkreis* (1933–**1939**).[151] Das ist eine Aussage für sich.

Wer **1940** als Techniker an der Initiative „Die Übungsfirma" von der BEWAG und der Deutschen Arbeiterfront mitmachen wollte, um den Nachwuchs zu fördern, durfte bis etwa 40 Jahre alt sein. Aber die Bewerbung sollte neben dem Lebenslauf und Berufsziel die Aktivitäten in der Partei oder in verwandten Gruppen darlegen.[152]

Ab März **1941** wurden auch der BEWAG jüdische Zwangsarbeiter zugeteilt. Von **Februar bis März 1943** wurden diese „evakuiert".[153]

***

Otto hatte einen Weg für sich gefunden:

Im Jahr 1938 wurde sein Gebrauchsmuster von 1936 vom Reichspatentamt eingetragen: „Einrichtung zur gestaffelten Betätigung mehrerer Kontaktvorrichtungen in Abhängigkeit von einem Flüssigkeitsstand" angemeldet.[154]

Frau Evelyn Benke vom deutschen Patent- und Markenamt in Berlin erklärte mir: Ein Gebrauchsmuster ist der „kleine Bruder" vom Patent, es ist das ungeprüfte technische Schutzrecht – im Gegensatz zum Patent als geprüftes technisches Schutzrecht. Die Laufzeit von einem Gebrauchsmuster beträgt maximal sechs Jahre.[155]

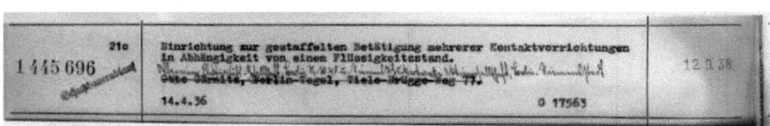

Foto 48: Auszug aus der Gebrauchsmusterrolle (linke Seite)[156]

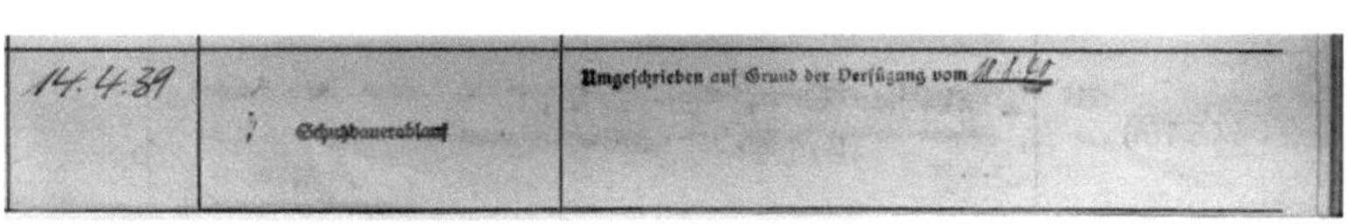

Foto 49: Auszug aus der Gebrauchsmusterrolle (rechte Seite)[157]

Prost Kaffee: Kindheit

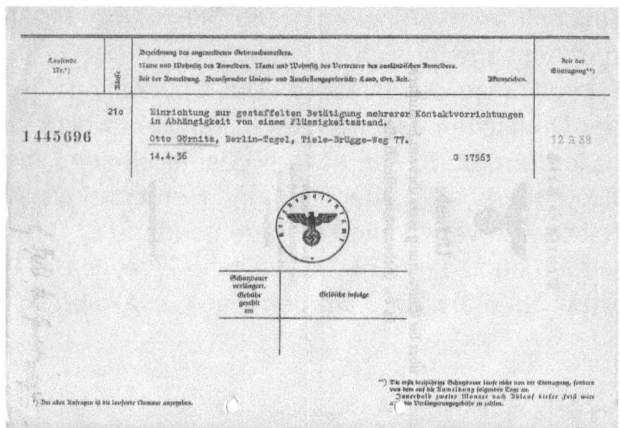

Foto 50: Gebrauchsmuster Nr. 1445696 von Otto Görnitz (eingetragen am 12.9.1938)

Zwei Jahre später, 1940, nahm die AEG Ottos Angebot für sein Gebrauchsmuster „zu dem von Ihnen verlangten Kaufpreis von insgesamt RM 1000,-- (eintausend Reichsmark)" an.[158]

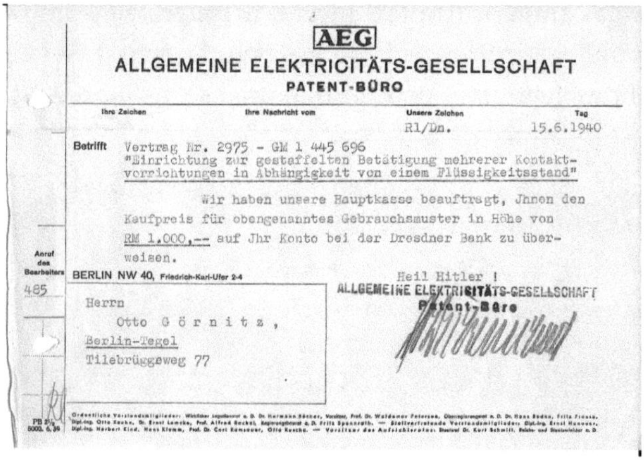

Foto 51: Die AEG kaufte 1940 Ottos Gebrauchsmuster.

Endlich Erfolge! Am 17. März 1940 – ausgerechnet am Palmsonntag (dem letzten Sonntag der Fastenzeit im christlichen Kalender[159]) – erteilte das deutsche Reichspatentamt Otto Görnitz in Berlin-Tegel das Patent für seine Erfindung „Stromrichtungsvergleichsrelais für elektrische Anlageteile".

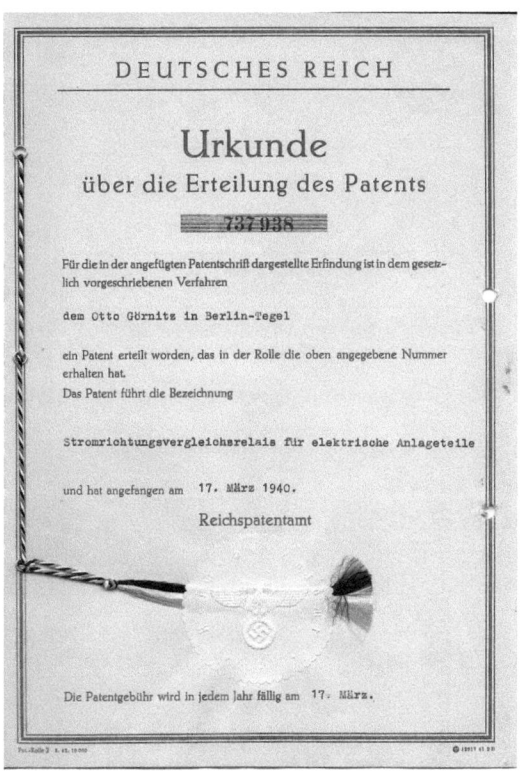

Foto 52: Patent Nr. 737 938 von Otto Görnitz

Daten von Ottos Görnitz' Gebrauchsmuster[160] und seinem Patent[161] auf der Webseite vom Deutschen Patent- und Markenamt.[162]

***

Prost Kaffee: Kindheit

Im Mai 1940 – es war ja Krieg – haben Ottos Schwiegereltern vorsichtshalber ihr Testament geschrieben. Falls eine/r von ihnen stürbe, dann sollte der/die andere das Erbe bekommen. Falls beide stürben, dann sollte das Erbe an ihre beiden Kinder Kurt (Joachims Onkel) und Irmgard (Joachims Mutter) gehen.

Foto 53: Geschwister Irmgard und Kurt (ca. 1925)

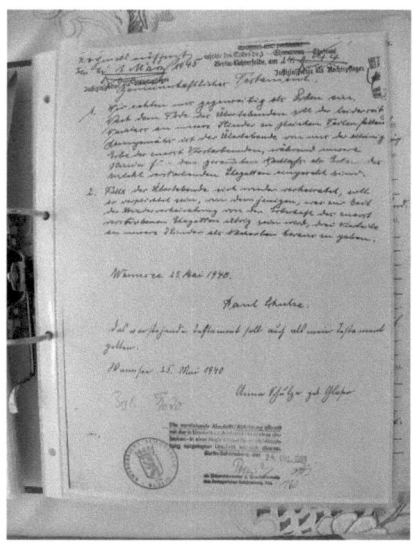

Foto 54: Das Testament von "Opa und Oma Wannsee"

„Gemeinschaftliches Testament.

1. Wir setzen uns gegenseitig als Erben ein. Nach dem Tode des Überlebenden soll der beiderseitige Nachlass an unsere Kinder zu gleichen Teilen fallen. Demgemäß ist der Überlebende von uns der alleinige Erbe des zuerst Verstorbenen, während unsere Kinder für den gesamten Nachlass als Erben des zuletzt verstorbenen Ehegatten eingesetzt sind.

2. Falls der Überlebende sich wieder verheiratet, soll er verpflichtet sein, von demjenigen, was zur Zeit der Wiederverheiratung von der Erbschaft des zuerst verstorbenen Ehegatten übrig sein wird, drei Vierteile an unsere Kinder als Nacherben heraus zu geben.

Wannsee 25. Mai 1940

Paul Schulze

Das so aufgesetzte Testament soll auch als mein Testament gelten.

Wannsee, 25. Mai 1940

Anna Schulze geb. Glaser"[163]

***

1902 wurde das Lederwarengeschäft Koffer-Schulze gegründet.[164] Neben Reiseartikeln gab es hier auch Hundeartikel.[165] 1910 sagte das große Reklameschild über dem Geschäft in Charlottenburg:

Grösstes Kofferlager Charlottenburgs
Verlangen Sie nur Vulkanfiber Handkoffer
Leichtester, haltbarster Koffer der Welt.
Sattlerwaren-Fabrik Paul Schulze[166]

Spätestens dann gab es von diesem Laden ein Schwarzweißfoto als repräsentative Postkarte:

Foto 55: „Oma und Opa Wannsee" mit Sohn Kurt, Tochter Irmgard, Angestellten und Nachbarn (links) vor ihrem Laden (1910)

„Oma Wannsee" hat so eine Postkarte mit zwei grün-weißen 5-Pfennig-Briefmarken vom Deutschen Reich versehen und am 3. Mai 1910 an ihre Mutter **Helene Glaser** im christlichen Hospiz in Venedig geschickt. – Diese Postkarte bleibt soweit die einzige Spur, die wir von Helene haben. Wir folgen der Fährte nach Venedig, ist in Arbeit…

Als mein Vater 1983 unseren Stammbaum recherchierte, bekam er vom Bezirksamt Zehlendorf von Berlin die Antwort: „Die Daten sowie Namen Ihrer Urgroßeltern sind uns nicht bekannt".[167]

1939–1945

Hier könnten wir neu ansetzen und bei anderen Ämtern und bei Kirchengemeinden nachfragen, zumal „Oma und Opa Wannsee" aus Kuhdamm (Kreis Soldin) bzw. Weißenfels stammten.[168][169]

Am Rande bemerkt: Mit dem Umzug nach Berlin waren Joachims Urgroßeltern zwei von Millionen: Berlin wuchs zwischen 1830 und 1930 von rund 300.000 auf 4,2 Millionen Einwohner an.[170]

Foto 56: Eine Fährte zu unseren Vorfahren führt nach Venedig.

„Koffer-Schulze war in Berlin bekannt."[171]

Joachim: „Die hatten ja zwei Geschäfte: eins in Charlottenburg {Wilmersdorfer Straße 125} und eins in... – wo war denn dat andere...? {Uhlandstraße 104–105 in Wilmersdorf} Die waren beide dicht beieinander".[172]

Die Läden lagen etwa 3½ km voneinander entfernt. Heutzutage bräuchte man circa zehn Minuten mit dem Auto oder mit der Bahn von einem Geschäft zum anderen.[173]

„Nach dem Krieg war ja alles kaputt... Dann gab es nur noch ein Geschäft."[174] Aber dazu kommen wir später.

Prost Kaffee: Kindheit

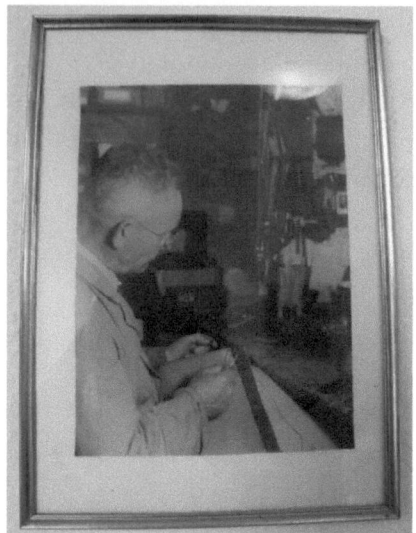

Foto 57: „Opa Wannsee" beim Handwerk – auch dieses Bild hängt heute bei meinem Vater im Zimmer.

Foto 58: „Opa Wannsee" beim Verkauf

„Oma Wannsee" hat den Aufbau der Läden tatkräftig unterstützt – oder in anderen Worten gesagt:

> *Durch unsere junge Silberbraut*
> *Jumheidi jumheida*
> *Wie sie freundlich um sich schaut*
> *Jumheidi heida.*
> *Durch treue Mitarbeit fürwahr*
> *Die Firma groß wurde, hurra!*
> *Jumheidi usw.*[175]

In diesem Kontext sei über „Opa Wannsee" gesagt:

> *Der Silberbräutigam, oh, ho!*
> *Jumheidi jumheida*
> *Ist ein Sportsmann* comme il faut
> *Jumheidi heida.*
> *Schwimmt er, ruft alles gleich hurra!*
> *Ein Schraubendampfer kommt ja da!*
> *Jumheidi usw.*[176]

„Opa Wannsee" arbeitete selbst als Sattlermeister. Joachim sagt: „Er war ‚der Oberhäuptling' für alles. Also für die beiden Geschäfte war er die Führungskraft" [177].

„Opa Wannsees" Motto war:

> Der Hände Arbeit schändet nicht.
> Der freie Mann, er beugt sich nicht:
> Hilf Du Dir selber jederzeit,
> erwarte nie Gefälligkeit![178]

Prost Kaffee: Kindheit

Diesen Spruch hatte „Opa Wannsee" auf einem Schild in altdeutscher Schrift bei sich in der Werkstatt.

Joachim: „Später stand es bei Onkel Kurt zu Hause oder im Geschäft, so dass es jeder sieht. Dann hat Hildegard es mitgenommen, {und} dann habe ich das bekommen".[179]

Der eingerahmte Spruch hängt heute bei Joachim im Zimmer.

***

Wir haben relativ wenig Material für das Jahr 1940, darum füllten wir dieses Kapitel mit einer Zusammenfassung zum Thema Spazieren im Wald auf.

Über die Jahre hinweg ging die Familie Görnitz gern im Grünen spazieren. Anscheinend wurden dort die meisten Familienfotos gemacht. Hier eine Auswahl:

Foto 59: Familienidylle (ca. 1931)

1939–1945

Foto 60: Irmgard mit erstem Sohn Otto (5. Juni 1933)

Foto 61: Der kleine Otto machte wohl dieses Foto. Diddi wurde fast auf den Tag genau zwei Monate später geboren. (5. Juni 1933)

Prost Kaffee: Kindheit

Foto 62: Ein Foto mit Stativ und Selbstauslöser? (Ca. 1935) – Auch die Freude am Fotografieren hat sich über Generationen gehalten.

Foto 63: Irmgard und Otto im Tegeler Forst (Juni 1942)

1939–1945

Foto 64: Irmgard mit Joachim, Diddi und Otto

Foto 65: Ein ruhiges Plätzchen im Wald

Viele Freizeitfotos entstanden beim Spazieren im Tegeler Forst und im „Steinberg" in Berlin und im Steigerwald, kurz „Steiger", in Erfurt. Dieser liegt im südlichen Stadtgebiet.

Prost Kaffee: Kindheit

Vielleicht sang/summte die Familie ja sogar – manchmal? – das „Rennsteig-Lied"[180] über das unbeschwerte Wandern im schönen Thüringer Wald, der südwestlich von Erfurt liegt und den man heutzutage in gut einer Autostunde erreichen kann.[181]

Die Vorliebe, in der Natur spazieren zu gehen, hat sich jedenfalls über die Generationen gehalten.[182]

***

Joachims Onkel Kurt heiratete Elfriede Solf.

Foto 66: Eine Seefahrt im kleinen Rahmen

Elfriede schickte „Oma und Opa Wannsee" ein Foto von sich mit ihnen samt Teddy auf einem Segelboot und schrieb hinten drauf:

> *Zum Andenken von einer*
> *schönen Fahrt nach Mecklenburg*
> *1935*
> *von Eurer Elfriede!*[183]

Kurt mochte anscheinend Schiffe:

> *Des Hauses Sohn seht doch mal ihn*
> > *Jumheidi jumheida*
>
> *Ist ein zweiter Chamberlin*
> > *Jumheidi heida.*
>
> *Kreuzt mit seinem **Motorkahn**,*
> *Unsern märkischen Ozean*
> > *Mucke picke, mucke picke*
>
> *Bis Mecklenburg und dann zurück!*[184]

Elfriede und Kurt bekam eine Tochter.
Am 26. Mai 1940 kam Karin zur Welt. Sie wurde an einem Sonntag geboren, sie war also ein Sonntagskind und bekam die ganze Liebe ihrer Mutter.[185]
Vermutlich freute sich Diddi nun sehr... *ein Mädchen!*

***

Kapitel 3 | 1941: „Sturmabzeichen in Silber"

Meine Mutter möchte in dieser Biografie nicht genannt werden. Deshalb gehen mein Vater und ich hier nicht weiter auf sie ein. Heute stellten wir einen Stammbaum mit den Personen auf seiner Seite zusammen. Er hatte 1996 schon Ahnenforschung betrieben, und heute griffen wir auf seine recherchierten Daten zurück.

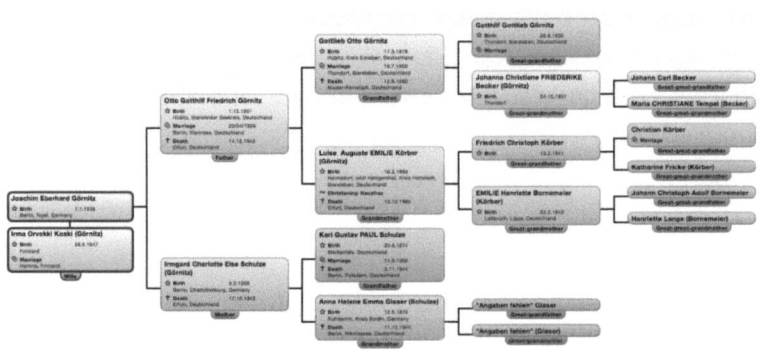

Foto 67: Fünf Generationen von unserem Stammbaum – mit mir sind's dann sechs

Was für ein Junge warst Du, als Du klein warst?

Joachim: „Ich weiß, dass ich 'n großen Wuschelkopp hatte, und Mutti wollte, dass die Haare möglichst *nicht* geschnitten werden, und Vater wollte {das Haar} immer kurz haben, aber da sagte sie: ne… *Rotkopf* war ich. Ich glaube, als Dreijähriger ist das auch auf'm Bild zu sehen: ich alleine im Wald mit so'nem Wuschelkopf."[186]

1939–1945

Foto 68: Es heißt, Joachim machte oft eine Faust mit der rechten Hand und streckte dabei seinen Daumen hervor. (Mai 1941)

Prost Kaffee: Kindheit

Foto 69: Otto, Diddi und Joachim (Mai 1941, Steinberg)

Foto 70: Joachim mit etwa 2½ Jahren

Was für'n Kind warst Du? So vom Charakter her?
Joachim (heiter): „Ich war richtig ein ganz Fanatischer. Ich hatte ein schönes Fähnchen mit Hakenkreuz, schöne schwarze Lackschuhe und ein Hemdchen/Leibchen um' Bauch.

Als ich klein war, ja… mit 2 Jahren oder 2 ½…[187]

Natürlich machte ich es allen anderen nach. Da sagte ich: ‚Heil Hitler'. Wahrscheinlich konnte ich ja noch nicht sprechen – aber die Denkart, die ging ja so…

Die großen Kinder waren ja schon alle in der HDJ {sic}… Otto war in der HDJ {sic} und Hildegard im BDM, Bund junger Mädchen {sic}, alle uniformiert, und ick, naja, ich hatte noch Hemdchen und Leibchen um."[188]

Kinder ab zehn Jahren mussten in die Hitlerjugend (HJ) eintreten:[189] Otto also ab Sommer 1940 und Diddi (in den Bund deutscher Mädel[190]) ab Herbst 1943.

Warum wurde Dein Vater nicht in den Krieg eingezogen?
Joachim: "Mein Vater war ja bei der BEWAG, und die {Nazis} brauchten Elektrizität. Das war ja für die notwendig, also die {Mitarbeiter beim Stromwerk} brauchten sie. Die Soldaten, die holten sie dann schon von anderen Stellen."[191][192]

Und Deine Großeltern?
"Großeltern, {die waren} sowieso zu alt."[193]

Prost Kaffee: Kindheit

Foto 71: „Ja, der war gut", sagt Joachim über „Opa Erfurt".[194]

1939–1945

Foto 72: „Opa Wannsee" und Diddi. In Wannsee hatten sie Hühner. "Schafe kamen nachher, später... und Schweine, zwei Schweine, aber das war alles ein bisschen unüblich", sagt Joachim.[195]

Prost Kaffee: Kindheit

Und Onkel Kurt? Warum wurde er nicht eingezogen?
Joachim: „Er war irgendwie als Fahrer... vielleicht bei einem Offizier oder so... Er war jedenfalls Militärfahrer/Offiziersfahrer."[196]
"Der war *kein* Offizier", stellt Joachim klar: „'n Fahrer war er. Der Offizier saß dann dahinter mit Schlips und Kragen."[197]
Joachim malt es weiter aus: „Du musst Dir das so vorstellen: Der {Typ} pfiff, und der saß dann {hinter Kurt} mit wichtiger Miene. Das muss man so als Bild sehen: Die Offiziere kamen irgendwie aus dem Haus und pfiffen; und der Fahrer, der musste dann da sein. Und die Offiziere, {so} mit wichtiger Miene..."
Veranschaulichend streckt Joachim die Nase hoch und zieht die Mundwinkel runter.[198]

Eine Strophe über Kurt und seine Frau Elfriede geht so:

Kurt ist sparsam und genau,
Jumheidi jumheida
Und ebenso auch seine Frau
Jumheidi heida.
Nach einem Gläschen süßen Wein,
Lallt sie: Herr Faber verkauft sein Schwein.
Jumheidi usw.[199]

Kurt und Elfriede wohnten "in der dritten Etage"[200], erinnert sich Joachim, weiß aber nicht mehr genau, wo das war. Sie „wohnten im selben Haus" (einem Haus, das „maximal vier Stockwerke hatte"[201]) „über den Buchstaben"[202].
Vielleicht wohnten sie ja direkt über einem der beiden Geschäfte. Kann das sein?
Joachim: „Weiß ich nicht."[203]

1939–1945

Joachims Eltern wohnten bekanntlich in Tegel im Tile-Brügge-Weg 77[204] "in der zweiten Etage".[205]

Oder wer weiß: vielleicht wohnten die beiden Familien direkt über- bzw. untereinander, aber das ist eher unwahrscheinlich.

Ich möchte mir die Häuser in Berlin gern mal ansehen. In einer Woche werde ich dort sein. (Stand: 13.8.2016)

Foto 73: Wurde dieses Foto in der Wohnung gemacht, wo Joachim fünf Jahre später geboren wurde?

Zu der Wohnung in Tegel erinnerte sich Joachim lebhaft an dies:
"Alle mussten die Hakenkreuzfahne zu bestimmter Zeit raushängen. Die Nachbarn guckten alle: ‚Hat der schon 'ne Flagge rausgehängt? *Hängt* da schon 'ne Fahne, *hängt* da eine, *hängt* da eine?' Jeder achtete drauf, dass jeder mitmachte."[206]

Heute beschreibt mein Vater diese Szene ähnlich:
„Die Fahne lag schon klar. Und dann guckten die Nachbarn: *Hängt da schon eine?* Gardine wieder zu. Nach 'ner Zeit: wieder gucken.

Prost Kaffee: Kindheit

Hat der Nachbar die Fahne schon aufgehängt? Dann schnell dat Ding raus und die Gardine wieder zu."[207][208]

Einige Infos sind doppelt und dreifach in diesem Manuskript. Als Dokumentarin möchte ich gern so viele der „Fifty Shades of Memory" („Fünfzig Stufen der Erinnerung") zeigen.

Was hat es mit diesem Foto (von circa 1930) auf sich?

Foto 74: Ist das „Opa Erfurt" in der Mitte vom Bild, der Mann im hellen Anzug und ohne Mütze?

Joachim weiß es auch nicht: „Das kann ich dir jetzt nicht sagen. Das müssen wir mal in Ruhe gucken."
Was war das für eine Veranstaltung?
Joachim (vielleicht ein bisschen so wie er mir so etwas als kleines Mädchen erklärt hatte): „Das siehst du an der Kleidung: Haben die Schlipse? Haben die Abzeichen? Die sind in der gleichen Partei oder was auch immer."[209]

1939–1945

Ein Mann, der später zu unserer Familie dazu kam, kämpfte nicht nur tatkräftig im Ersten Weltkrieg, sondern auch im Zweiten. Rittmeister Wilhelm Roßhoff erhielt viele bedeutende Kriegsorden:

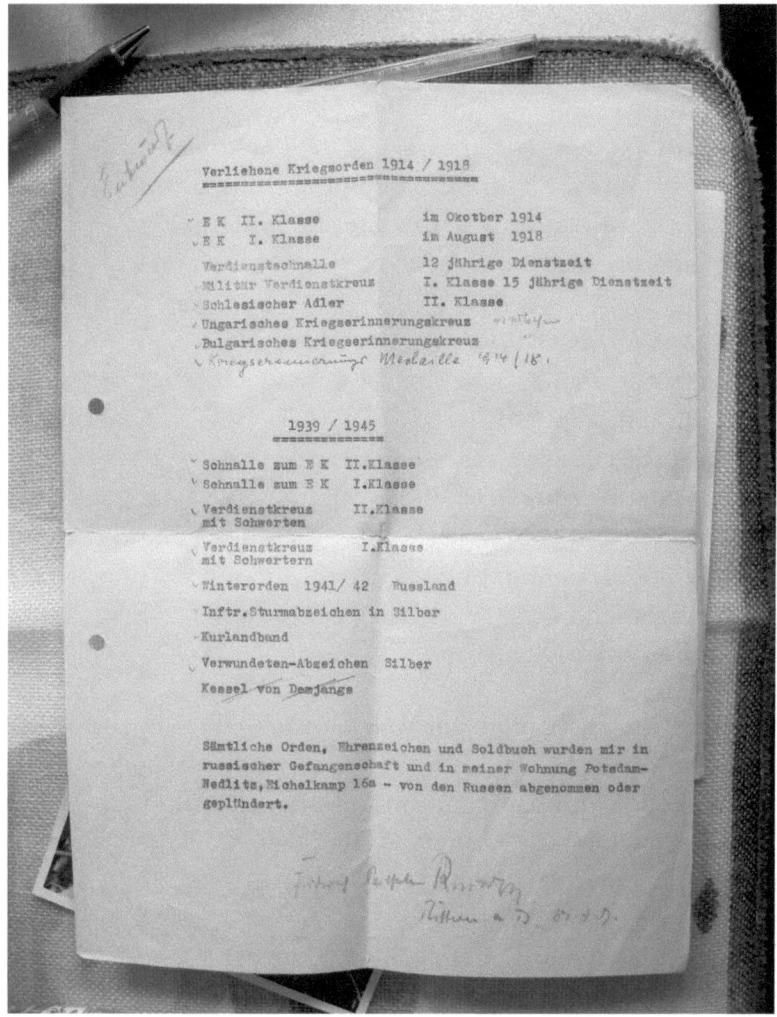

Foto 75: Willis Liste von seinen Auszeichnungen – "Entwurf" hatte er in Rot darüber geschrieben.

Prost Kaffee: Kindheit

Verliehene Kriegsorden 1914—1918
- E K II. Klasse   im Oktober 1914
- E K I. Klasse   im August 1918
- Verdienstschnalle   12-jährige Dienstzeit
- Militär Verdienstkreuz I. Klasse   15-jährige Dienstzeit
- Schlesischer Adler   II. Klasse
- Ungarisches Kriegserinnerungskreuz
- Bulgarisches Kriegserinnerungskreuz
- Kriegserinnerungsmedaille   1914—18

1939—1945: Verliehene Kriegsorden
- Schnalle zum E K   II. Klasse
- Schnalle zum E K   I. Klasse
- Verdienstkreuz mit Schwertern   II. Klasse
- Verdienstkreuz mit Schwertern   I. Klasse
- Winterorden 1941—42   Russland
- Infr.-Sturmabzeichen in Silber
- Kurlandband
- Verwundeten-Abzeichen Silber"[210]

Willi, wie er in der Familie genannt wurde, hat unter seiner Liste ergänzt: "Sämtliche Orden, Ehrenzeichen und Soldbuch wurden mir in russischer Gefangenschaft und in meiner Wohnung {in Potsdam} von den Russen abgenommen oder {gestohlen}."[211]

So viel zu ihm erst mal.

1939–1945

Foto 76: Rittmeister Roßhoff im Zweiten Weltkrieg[212]

Prost Kaffee: Kindheit

Papa, hast Du eigentlich Alpträume vom Krieg?
„Nö", sagt er, „aber manchmal komm' so... {andere Sachen}. Aber vom Krieg... ne, weiß ich nicht".213

Noch 65 Worte, dann sind die
1000 Worte von diesem Kapitel erst mal voll.
Mein Vater und ich setzen uns das Ziel, für jedes
seiner Lebensjahre jeweils 1000 Worte zu schreiben.
Heute ist er 78 Jahre alt. Wir haben also noch einiges vor uns.
Es soll Spaß bringen. Für die Jahre stellen wir auch Fotocollagen
zusammen, um jeweils einen Überblick zu bekommen.
Jetzt haben wir 999 Worte.
„Schluss/Ende/Feierabend," 214
sagt Joachim für heute.

***

Kapitel 4 | 1942: „Mehr Zucker als Ei"

Heute ist Donnerstag. Donnerstags gibt's Rosinenbrot zum Kaffee. Es sind etwa 27 Grad. Mein Vater sagt nichts, brummt und lächelt leicht... Jetzt las er den ersten Absatz vom ersten Kapitel und lacht! Schön! Wir fangen an für heute.

Deutschland im Krieg. In den Vorjahren besetzte Deutschland Polen, dann Dänemark und Norwegen; weiter die Niederlande, Belgien und Frankreich; griff trotz Hitlers Nichtangriffs-Pakts mit Stalin die UDSSR an und erklärte, nachdem Japan Pearl Harbor[215] am 7. Dezember 1941 bombardiert hat, auch den Amerikanern den Krieg.

Joachim war 1942 in seinem 4. Lebensjahr. Am 7. Januar war er drei Jahre alt geworden.
Was waren Deine ersten Erinnerungen an Deine Eltern?
"Ja, Vater... der saß beim Essen immer an der Vorkante vom Tisch, {an der} Vorderseite. Und dann rechts von ihm, an der Längsseite vorne, saß Mutter. Hinter Mutter ging's zur Küche, {das war} der kürzeste Weg zur Küche."[216] „Sie saß jedenfalls am Tisch, an der Vorkante zur Küche hin. {Im} Esszimmer saßen wir alle schön artig {da}: Vater rechts, dann kam die Mutter, die ging Richtung Küche, da konnte sie mit'm Topf schneller hin und her zum Tisch laufen."[217]

Eine Erinnerung, die sich bei Joachim eingeprägt hat:

Prost Kaffee: Kindheit

„Hildegard saß an der Tischecke neben mir. Und ich hatte eine nasse Hose. Diddi sagte dann: ‚Nasse Hose?' Sie war die Einzige, die mir gegenüber saß. Sie sagte: ‚Mensch, sei ruhig, sei ruhig!'
Wieso?
Naja, {ich} hatte 'ne nasse Hose.[218]
Wieso konntest Du das nicht sagen?
Na, der Vater... ‚Mensch, halt die Schnauze' – so {in} etwa.
Deine Mutter hätte doch die Hose wechseln können.
Ja, natürlich. Aber der Vater...
Was hätte der gemacht?
Der hatte ja die Überhand, von allen, sozusagen. Wie das so ist bei Kindern: sagst kein' Ton.
Hätte er Dich geschlagen?
Ach was, das gab's nicht. *Geschimpft* hätte er.
Wie habt Ihr das letztendlich gelöst?
{Dann} sitzt du da {für} 'ne gewisse Zeit, so ungefähr war das."[219]

Was sind Deine Erinnerungen an Deine Großeltern?
„Opa, ja, Opa.. der war Sattlermeister, der war auch sehr streng, in Wannsee war er. Den sah ich relativ wenig.

Und Oma, immer wenn wir dann angereist kamen von Tegel, dann hat mich {Oma} erst mal in die Küche geholt, auf den Küchenstuhl gesetzt, und dann ist sie in' Hühnerstall gegangen und hat erst mal ein Ei geholt. Das Erste, was sie machte, war ein Zucker-Ei. Was Hildegard und Otto bekamen, das weiß ich nicht. Vielleicht unterhielten sie sich schon mit Opa. Jedenfalls, ich war zu klein. Ich wurde mit dem einen Ei da befriedigt, kann man so sagen."
Was ist ein Zucker-Ei?
"Das ist ein Hühnerei gerührt mit Zucker."
Roh?
"Ja."[220][221]

Welche Freizeiterinnerungen hast Du?

"Wir fuhren raus zum Baden nach Lübars[222] bei Tegel mit Fahrrädern, alle: Vater, Mutter, Otto, Hildegard. Ick beim Vater auf der Stange, auf'm Herrenfahrrad. Da war extra so'n Sitz für Kinder, da saß ich drauf. Da sind wir losgeradelt."[223] – Das bringt nun meine Kindheitserinnerung hoch: wie ich da früher vorne bei meinem Vater auf dem Fahrrad in dem Kindersitz saß.

Foto 77: **Festlich gekleidet**

Otto hatte ja am 26. Juni Geburtstag, und diese Fotos wurden im Juni 1942 aufgenommen. Vielleicht ging die Familie zu seinem Geburtstag zusammen in den Tegeler Forst.

Prost Kaffee: Kindheit

Für dieses Jahr gibt es soweit nur noch ein weiteres Bild. Es wurde einen Monat später aufgenommen:

Foto 78: Sie scheinen abgenommen zu haben.

Die Bildunterschrift im Fotoalbum stammt vermutlich von Diddi. Man kann davon ausgehen, dass sie 1942 statt 1952 gemeint hat, da die Mutter 1952 leider schon nicht mehr lebte.

Mein Vater erzählte mir mal, dass das schönste Geschenk, an das er sich erinnern kann, eine Lederhose war, die er von seinen Eltern bekommen hatte.[224] Ich vermute, er trägt diese Hose im Foto 80.

1939–1945

Nun haben wir in der Datenbank doch noch ein Familienfoto gefunden, das zu 1942 gehören könnte:

Foto 79: Ist dies das letzte Bild, dass Otto oder Irmgard von ihren Kindern gemacht hat?

Unsere Familie wohnte in Berlin, Otto arbeitete bei der BEWAG. Nach allem bisher, wie können wir nun dieses Foto einordnen?

Foto 80: Otto Görnitz steht als Zweiter von rechts in der mittleren Reihe.

Joachim: „Die meisten waren in der Partei, aber nicht alle..."[225]

Prost Kaffee: Kindheit

Nun kam gerade die Pflegefachkraft herein und brachte die Medikamente.
„Essen Sie heute Abend hier im Zimmer, Herr Görnitz?"
„Ja."
Nun sah die Leiterin das Foto mit dem Hakenkreuz. Es ist heutzutage immer noch seltsam, in Deutschland über Nazis zu sprechen, vor allem, wenn es die eigene Familie betrifft. Aber wer war denn nun Nazi und wer nicht? Und in wie weit ist dies hier wichtig? Geht es um eine Schuldfrage? Worum geht es in dieser Biografie? Nicht um Politisches, sondern um die Lebensgeschichte meines Vaters im Kontext seiner Familie. Sollte man hier bedenken, dass die Wannsee Konferenz am 20. Januar 1942 in Berlin stattgefunden hat? Obwohl die Nazis schon seit Jahren Juden ermordeten, beschlossen die Leiter der Reichsbehörden und der NSDAP dann und dort die sogenannte „Endlösung der Judenfrage" durch systematisches Töten.[226]

Diese Konferenz fand also in demselben Stadtteil statt, in dem „Opa und Oma Wannsee" wohnten, und in derselben Stadt (Berlin), in der unsere Familie wohnte. Natürlich ist die Frage: Haben sie davon gewusst? Die Antwort können wir heute nicht mehr bekommen. Die Eltern sind tot, die Nachfahren sprachen nicht darüber.

Joachims Cousine Christel (heute 70 und fit auf dem Fahrrad) und die Witwe von Joachims Bruder Otto sind die einzigen Überlebenden unserer Familie, mit denen wir noch mehr oder weniger in Kontakt sind.

1939–1945

Allerdings haben wir durch den Stammbaum und alte Briefe den Familienzweig Honig (also die Nachkommen von Joachims Tante Hilde in Erfurt) und die Nachfahren von Joachims Onkel Waldemar (dem Oberstudienrat in Erfurt) entdeckt.

Mal sehen, ob wir noch weitere Familienmitglieder haben, die noch leben.

„Sie sind alle tot", sagt Joachim sein Abendbrot kauend.

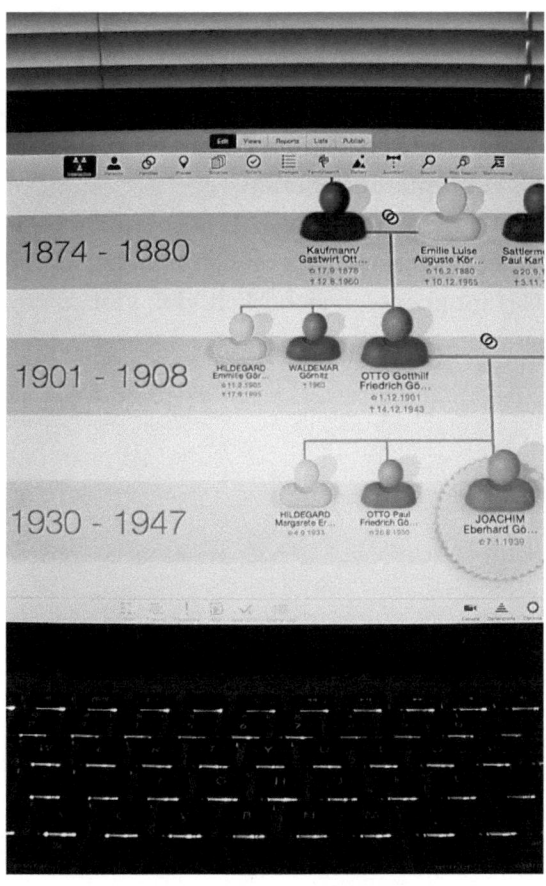

Foto 81: Spurensuche nach (entfernten) Verwandten[227]

Prost Kaffee: Kindheit

Die Spur führt zuerst zu Ernst Honig, der 1955 geboren wurde. Das Online-Telefonbuch zeigt uns zehn Treffer: fünf Personen und fünf Firmen. Wir rufen an...

Zwei Ernst Honigs waren nicht da. Ein anderer ist sehr nett, aber nicht der, den wir suchen. Dann: Einer scheint der Gesuchte zu sein! Wir schicken ihm eine Nachricht über Facebook.

Einige Tage/Wochen später: Er antwortete uns nicht, auch nicht auf unsere zweite Anfrage. Somit belassen wir's dabei.[228]

Wir haben via StayFriends im Internet Kontakt zu zwei Urenkeln von Joachims Onkel Waldemar aufgenommen. Die Namen und die Geburtsdaten der Leute in diesem Netzwerk stimmen mit den Daten in unserem Stammbaum überein.

Im übernächster Schritt fände ich es ja spannend, zum Spaß – und vielleicht für die Forschung? – einen Gentest hier und da machen zu lassen. Aber das ginge vielen sicherlich viel, viel zu weit.

***

Kapitel 5 | 1943: „So geht alles gut"

Blutdruck: 110/60 – etwas niedrig, aber okay (wurde gleich nach der Mittagspause und vorm Kaffee gemessen). Das Pflegeteam beobachtet auch den Blutzucker. Und einmal im Monat kontrolliert der Hausarzt den Blutwert und bespricht ihn mit meinem Vater – das ist jedenfalls Joachims Wunsch soweit...[229]
29 Grad Celsius Innentemperatur an diesem sonnigen Juni-Tag. Die Balkon- und die Zimmertür stehen offen, damit ein Lüftchen durchweht. Der Ventilator kommt vermutlich morgen.

Joachim lebte mit seinen Eltern und Geschwistern in Berlin.
Diddi über die Schule: „Meine Zeugnisse – erste und zweite Klasse: Herr Grimm (auch prima Lehrer) – waren sehr gut. Dritte Klasse: Fräulein Krüger – es war Krieg – fragte die Kinder, wer sich für sie anstellte für Obst usw. Die bekamen ein sehr gutes Zeugnis, ich nicht, Mutti hatte es mir verboten."[230]

Bereits Ende 1942 musste Generalfeldmarschall Erwin Rommel – der sogenannte „Wüstenfuchs"[231] – in Nordafrika den Rückzug antreten, nachdem sein Deutsches Afrikakorps zwar ab 1941 viele Siege in dem Terrain erreicht hatte, aber dann zunehmend verlor.[232]
Im Winter 1942/43 scheiterte die deutsche 6. Armee unter General Friedrich Paulus in der Schlacht von Stalingrad.[233] Damit kam der entscheidende Wendepunkt im Zweiten Weltkrieg in Europa.[234]

Prost Kaffee: Kindheit

Wie ging es derzeit den Zivilisten in Deutschland?

In Hamburg hat die sogenannte Operation Gomorrha der Briten und Amerikaner in den Tagen vom 24. Juli bis zum 3. August 1943 über 30.000 Menschen getötet. Die Flieger kamen von Süd-England über Dänemark nach Norddeutschland, täuschten den Radar mit Stanniol-Streifen, nutzten die hohe und zentral gelegene St. Nikolai-Kirche als Orientierungspunkt (alles im Drei-Meilen-Radius davon galt als Treffer) und führten die bis dahin schwersten Luftangriffe der Geschichte aus.[235]

Ab August 1943 verstärkten sich die Luftangriffe der Alliierten. Auch in Berlin: Durch die Zerstörungen fielen in den nächsten sechs bis sieben Monaten letztendlich ca. 400.000 Haushalte als Abnehmer der BEWAG aus.[236] Das mal nur so rechnerisch gesehen.

Diddi schrieb: „Mütter ab drei Kinder sollten evakuiert werden. So kamen wir im August 1943 nach Erfurt zu den Großeltern ({den} Eltern von Vati)."[237]

Joachim: „Am Bahnhof Zoo war'n 'n Haufen Kinder. Die wurden weggeschickt. In' Zug gesetzt und dann ging das ab."[238]

Wenig später wohnten Irmgard, Otto, Diddi und Achim dann zusammen mit „Oma und Opa Erfurt" in der Gutenbergstraße 57.[239][240]

Diddi: „Oma und Mutti stritten sich in der Küche wegen Mittagessen. So fanden wir alle im katholischen Kloster (im Hort) {einen} Platz für Schulaufgaben, Mittag usw. Wir gingen nur zum Schlafen zu den Großeltern. Otto hatte ein Zimmer {für sich}, eine Etage höher. Opa und Otto – ging nicht!"[241]

Joachim zeigt mit dem Finger auf ein Foto: „Die {Mutter} stand *über* der {Oma}".[242] Er erklärt, die Frauen "verstanden sich nicht", denn "Mutter kam aus einer höheren Gesellschaftsschicht".[243][244]

Weiter: „Wannsee und Erfurt – das ist schon stadtmäßig 'n großer Unterschied. Wannsee steht {auch} schon höher als Erfurt. Erfurt ist

1939-1945

'ne Kleinstadt. Wannsee ist in Berlin schon außergewöhnlich, ein außergewöhnlicher Wohnort."[245]

Der Vater von „Oma Erfurt" – Friedrich Christoph Körber (Spitzname „Fritz") – besaß eine Gärtnerei in Siersleben[246]. Dies lässt annehmen: Er war ein eher bodenständiger Mensch. Im Gegensatz zu ihm kam für „Oma Erfurts" Geschmack die tanzende und musizierende Schwiegertochter vielleicht *ein kleines bisschen* zu leichtfüßig daher. Und/oder die dreifache Mutter Irmgard packte einfach nicht genug mit an bei der Hausarbeit, so wie es die selbst dreifache Mutter „Oma Erfurt" kennt und erwartet hat. (?) Möglich.

Joachim: „Die kam' nich' klar."[247]

Elfriede sagte bei einer Familienfeier zum 64. Geburtstag meines Vaters am 7. Januar 2003 in Cuxhaven: „Obwohl Irmgard nicht gearbeitet hat, stapelte sich das Geschirr bei ihr in der Küche".[248]

Fazit: Irmgard musste als Kind und junge Frau nichts im Haushalt mitmachen, sie wurde verwöhnt. Dann war sie plötzlich Hausfrau und damit völlig überfordert.

Foto 82: "Oma und Opa Erfurt"

Prost Kaffee: Kindheit

Joachim über seine Großeltern in Erfurt: „Die beiden liebten sich. Mit ‚Opa Erfurt' kam ich gut zurande."[249] „Er war ein feiner Mensch. Die Oma... die mochte ja auch die Irmgard nicht."[250] „Ja, ich weiß auch nicht genau, ob die mich mochte oder nich'... Da war immer so'n bisschen die Differenz dazwischen... Ich glaub', mit Opa kam ich ganz gut klar."[251]

In den Familien, wie war Rollenverteilung. War das so traditionell, typisch für die Zeit?

„Das war typisch, ja. Opa war der ‚Häuptling'. Die Oma, ja, die hatte auch wat zu sagen."[252]

Ok, wie ging die Geschichte weiter?

Joachim: „Ich kam ja dann in den katholischen Kindergarten".[253]

Er war als Vierjähriger tagsüber im Nonnenkloster in Erfurt.[254] In dem Kindergarten waren vor allem Waisen. Dass die evangelischen Eltern[255] einen katholischen Hort aufsuchten, lag vermutlich daran, dass die Auswahl während des Krieges halt begrenzt war.

Über die Jahrzehnte hinweg hat mein Vater mir mehrmals von dem Nonnenkloster mit „einem Raum mit Särgen im Halbkreis" oder „Kindersärgen" oder „weißen Kisten im Halbkreis" und „toten Babys" erzählt.[256] Er sei „nur durch Zufall" in diesem Raum gewesen, sagt er.[257]

Als ich ihn Ende 2011 genauer danach fragte und ihn beim Antworten filmte, ergab sich dieses Gespräch:

Magst Du 'was sagen über das Nonnenkloster, wo Du warst?

Ich glaube, da waren hohe Türen, und da war ein Kindergarten. Ja, im Nachthemdchen bin ich dann... Die anderen, die wachten schon auf und liefen wahrscheinlich zum Kaffee, und ich zuletzt. Ich suchte die ander'n..."[258]

Da hattest Du tote Babys gefunden?
Ne, ich weiß nicht, ob die tot waren. Jedenfalls sehr merkwürdige Sachen sah ich da. Dann schickte mich die Nonne wieder zurück. Sie sagte: ‚Da darfst Du nicht lang'. Und dann bin ich wieder zu den anderen gekommen. Irgendwie... Wie ich dann überhaupt aus dem Kloster {wieder} raus kam, das weiß ich auch nicht mehr.
Was meinst Du denn, wie das mit den Babys war? Du hattest mir gesagt, die war'n tot.
Naja, ich wußte ja nun nicht, ob das da tote Babys sind. Na, ich will da nichts mehr sagen... Das ist totale Vergangenheit.
Hildegard sagte das auch – hat sie vorgestern erzählt –, dass Du das gesehen hattest und dass Du das eigentlich nicht sehen solltest.
Ja, ich sollte das nicht sehen. Jetzt im Nachhinein... Das ist ja nun eine lange Zeit her... Im langen Gang... Ja, wahrscheinlich haben die... Dahinter so'n runder Raum, dann war'n da so... kleine, wie Särge, so kleine Särge war'n das da... Ja, ob das dann tatsächlich Särge war'n... ja, das könnte sein. Jedenfalls weiße kleine Kisten, so etwa nach'nander und den ganzen Gang lang.
Hast Du auch die Kinder gesehen?
Ne, die hab' ich nicht gesehen.
Also tote Babys hast Du nicht gesehen, aber Du hast Särge gesehen?
Ja, ja, so {eine} Art Särge war das da wohl.
Meinst Du, dass die Nonnen Frauen bei der Abtreibung geholfen haben oder dass die Nonnen selber schwanger waren oder dass Kinder dort gestorben sind?
Alle drei Sachen sind möglich. Und zu der Zeit damals... In der heutigen Zeit ist das durchaus nachvollziehbar."[259]

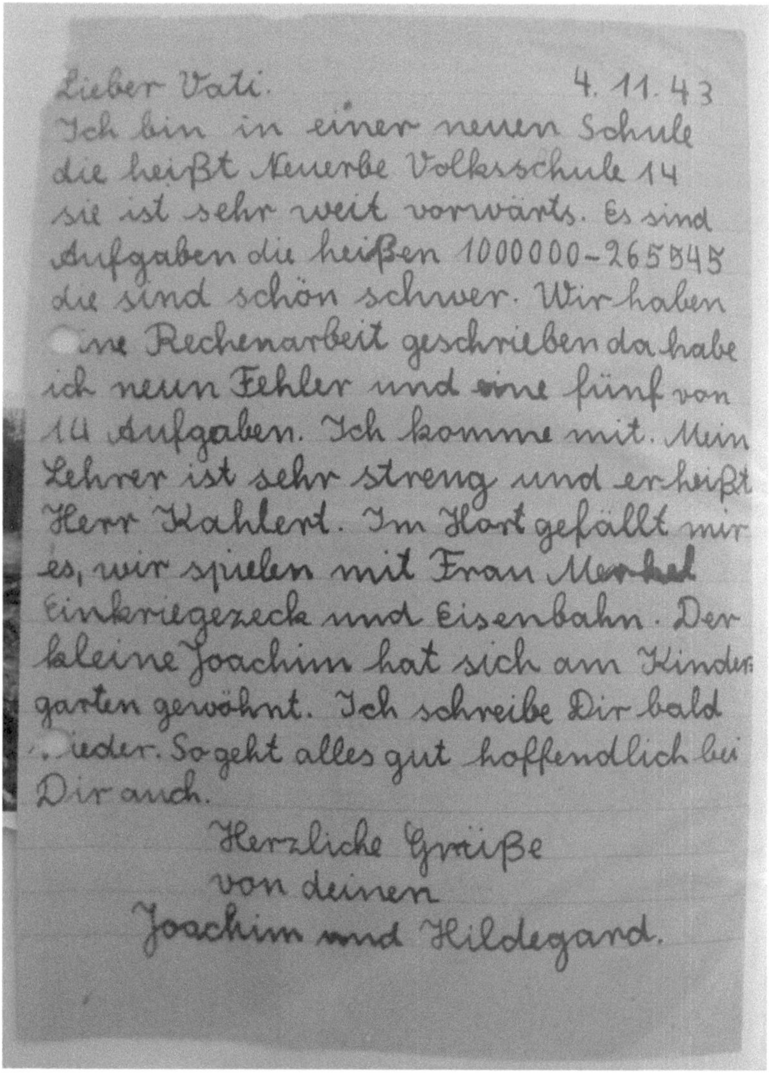

Prost Kaffee: Kindheit

> Lieber Vati. 4.11.43
> Ich bin in einer neuen Schule
> die heißt Neuerbe Volksschule 14
> sie ist sehr weit vorwärts. Es sind
> Aufgaben die heißen 1000000-265345
> die sind schön schwer. Wir haben
> eine Rechenarbeit geschrieben da habe
> ich neun Fehler und eine fünf von
> 14 Aufgaben. Ich komme mit. Mein
> Lehrer ist sehr streng und er heißt
> Herr Kahlert. Im Hort gefällt mir
> es, wir spielen mit Frau Merkel
> Einkriegezeck und Eisenbahn. Der
> kleine Joachim hat sich am Kinder-
> garten gewöhnt. Ich schreibe Dir bald
> wieder. So geht alles gut hoffendlich bei
> Dir auch.
>   Herzliche Grüße
>   von deinen
>   Joachim und Hildegard.

Foto 83: Diddi schrieb diesen Brief an ihren Vater – vielleicht, damit er sich weniger Sorgen macht.

Im April 1988 – ich war dann 15 oder 16 Jahre alt – sollten wir für den Deutschunterricht ein Interview mit einem Zeitzeugen vom Zweiten Weltkrieg führen. Mein Vater erklärte mir dafür Folgendes: „In den Kriegsjahren war die Medizin nicht so selbstverständlich wie heute. Das bereitete den Leuten Probleme. Verschiedene ansteckende Krankheiten breiteten sich aus und forderten weitere Opfer. Kriegsverletzte brauchten dringend medizinische Hilfe, so waren die Krankenhäuser nur selten geöffnet. Die wenigen Landärzte mussten von Haus zu Haus ziehen, und sie versuchten, den vielen Leuten in Not zu helfen. Impfungen wurden, falls vorhanden, gegeben."[260]

Die *Pharmazeutische Zeitung online* schreibt, dass es im Zweiten Weltkrieg eine Diphterie-Epidemie gegeben habe, durch die etwa eine Million Menschen (!) erkrankt und 50.000 Menschen gestorben sind.[261]

Diddi: „Otto bekam Diphtherie. Er war der Bazillenträger, steckte Mutti und mich usw. im Hort an. Otto kam ins Krankenhaus. Das Heim wurde geschlossen, und ich kam zu den Großeltern."[262]

Die Inkubationszeit bei Diphterie beträgt ein bis sieben Tage.[263] Bei Irmgard war die Krankheit bald akut.

Joachim hat gesehen, wie sich seine Mutter zu Hause in einen Eimer übergab.[264] Sie spuckte Blut.[265]

Joachim: „Ich saß da auf'm Bett, angezogen, und Mutter saß da (am Tisch[266]) und übergab sich. Mutter saß mir gegenüber. Das war in Erfurt... ‚Oma Erfurt' stand da im Türrahmen und guckte nur auf Mutter. Dann war Sendepause. Dann hörte ich gar nichts mehr."[267]

Joachim weiter: „Mutter fuhr nach Berlin. Sie war dann schon krank, und von der Oma wurde sie sozusagen... weggeschickt. Dass sie überhaupt noch nach Berlin fahren konnte... Sie war ja krank."[268]

„Dann hörte ich nix mehr von den Eltern".[269] "Vater, den hab' ich überhaupt nicht mehr geseh'n... Und dann war'n auf einmal beide weg."[270]

Prost Kaffee: Kindheit

Irmgard fuhr erst nach Berlin, reiste dann nach Erfurt zurück. Am 14. November 1943 wurde sie mit Diphterie ins katholische Krankenhaus St. Nepomuk in Erfurt eingewiesen.[271]

Diddi: "Vati kam nach Erfurt. Dann bekam ich Diphtherie, kam ins gleiche Krankenhaus. Achim kam gleich zu Familie Lincke, einem Studienfreund von Vati."[272][273]

Elfriede: "Zuerst lag die Mutter mit Diphterie im Krankenhaus. Dann hat sich der Vater mit etwas angesteckt und bekam Quaddeln. Da war vermutlich eine Entzündung an seinem Mund, die schlechter wurde durch sein Rauchen."[274]

Diddi: „Vati kam auch in das Krankenhaus"[275] – jetzt nicht mehr nur zu Besuch, sondern selbst als Patient.

Der Vater wurde am 11. Dezember 1943 im selben katholischen Krankenhaus in Erfurt[276] stationär aufgenommen. Er litt unter einer „Phlegmone"[277] (das heißt einer Infektionserkrankung mit Fieber, Schmerzen und einer eitrigen Entzündung[278]) an der Wange, ausgehend von einer „Wangenfurunkel rechts".[279]

Joachim: „{Ich habe meine Eltern} nicht im Krankenhaus besucht, kam nicht dazu, weiß nicht wieso, war wahrscheinlich zu klein. Ich hörte überhaupt nichts {auch nicht von Otto oder Diddi}. Jedenfalls kann ich mich nicht daran erinnern."[280]

Diddi: „Vati starb am 14. Dezember 1943 {um 10 Uhr[281]} an Blutvergiftung. Mutti konnte wohl den Tod nicht verkraften und starb im Krankenhaus am 17. Dezember 1943 {um 0 Uhr 45 Minuten[282] an toxischer Diphterie[283]}."[284]

Otto war 42 Jahre alt[285], Irmgard 35[286].

Sie „liebten einander sehr".[287] „Sie starben innerhalb einer Woche, kurz vor Weihnachten 1943."[288]

Der Tod Deiner Eltern hatte irgendwie auch etwas Romantisches...?
Joachim stimmt zu.[289]

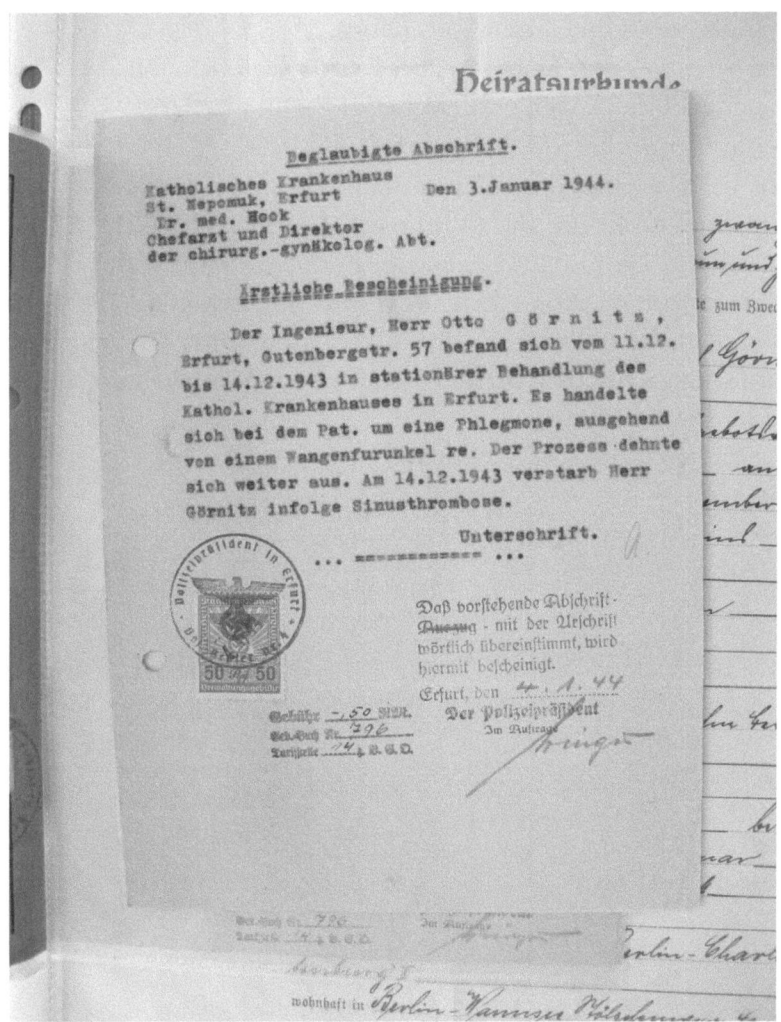

Foto 84: Ärztlicher Befund über den Tod von Otto Görnitz

Prost Kaffee: Kindheit

Im Attest über den Tod des Vaters wird eine „Sinusthrombose"[290] (ein Blutgerinnsel im Gehirn[291]) genannt.

„Von wegen!" sagt Joachim. „Da wurde wahrscheinlich ein bisschen nachgeholfen – weil er nicht in der Partei war."[292]

Oder weil er für die BEWAG gearbeitet hat?

Steht es in irgendeinem Zusammenhang, dass Ottos Patent für seine technische Erfindung (Nummer 737 938, Klasse 21c, Gruppe 68 60) erst am 29. Juli 1943 „ausgegeben" worden ist (an wen und warum?); und dass dieses Patent erst am 14. November 1944 – erst elf Monate nach seinem Tod – auf seine Kinder Otto, Hildegard und Joachim umgeschrieben wurde[293]? Ich nahm Kontakt zum Patentamt in Berlin auf.[294]

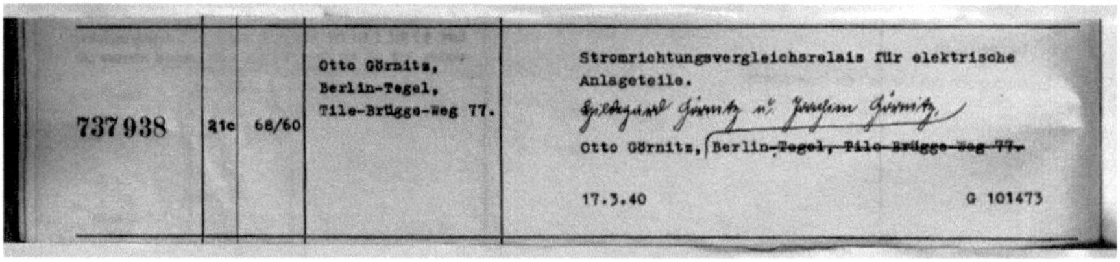

Foto 85: Auszug von der linken Seite der Patentrolle...[295]

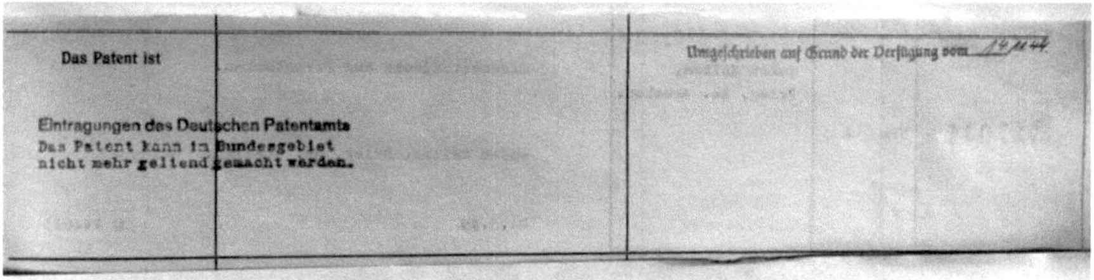

Foto 86: ...und von der rechten Seite der Rolle[296]

Ok, Entwarnung. Frau Evelyn Benke vom deutschen Patent- und Markenamt erklärte es mir in Emails und am Telefon:

1939–1945

„Ausgegeben" bedeutet veröffentlicht, was normal ist. Es ist auch normal, dass das Patent erst drei Jahre nach dem Anmelden ausgegeben wurde. Das Verfahren dauert 2 bis 2½ Jahre, wenn eine technische Prüfung (sie dauert etwa vier Monate) beantragt wurde.

Das veröffentlichte Patent, die sogenannte Patentschrift, wurde in der Gruppenmappe für seine Klasse (21c) an über hundert offiziellen Stellen in Deutschland – und in anderen Ländern, die dem Abkommen über den internationalen Schriftenaustausch beigetreten waren – ausgelegt, wo sich Interessierte über den aktuellen Stand der Technik informieren konnten.

Die jährlich anfallende Patentgebühr ist im Jahr 1944 noch bezahlt und der Antrag auf Weiterbehandlung gestellt worden. So war das Patent entweder bis zum 8. oder 17. Mai 1945 (das Fristende ist nicht ganz klar) „noch anhangig oder in Kraft", so Frau Benke. Das weiß man, weil sonst ein Löschungsvermerk in der Patentrolle des ehemaligen Reichspatentamtes zu sehen wäre.

Von 1945 bis 1949 bestand eine patentschutzfreie Zeit in Deutschland. Danach hätte eine(r) der drei Erben bis zum 30. September 1950 einen Antrag auf Aufrechterhaltung stellen müssen, um das „Alt-Schutzrecht" (Patent) weiter zu gewährleisten. Der Vermerk in der Rolle „Das Patent kann im Gebiet der Bundesrepublik Deutschland nicht mehr geltend gemacht werden" weist darauf hin, dass dieser Antrag nicht gestellt worden ist.

Frau Benke sagte, deutsche Patente aus dieser Zeit galten maximal 18 Jahre. Dieses Patent wäre also spätestens 1958 ungültig geworden. Es ist ein zeitlich sowie räumlich befristetes Privileg gewesen.

Das Patentgesetz vom 5. Mai 1936 gilt weitgehend noch immer.

Dieser Tage sind Informationen über Otto Görnitz' Patent und sein Gebrauchsmuster wie gesagt online beim Deutschen Patent- und Markenamt zu sehen.[297][298]

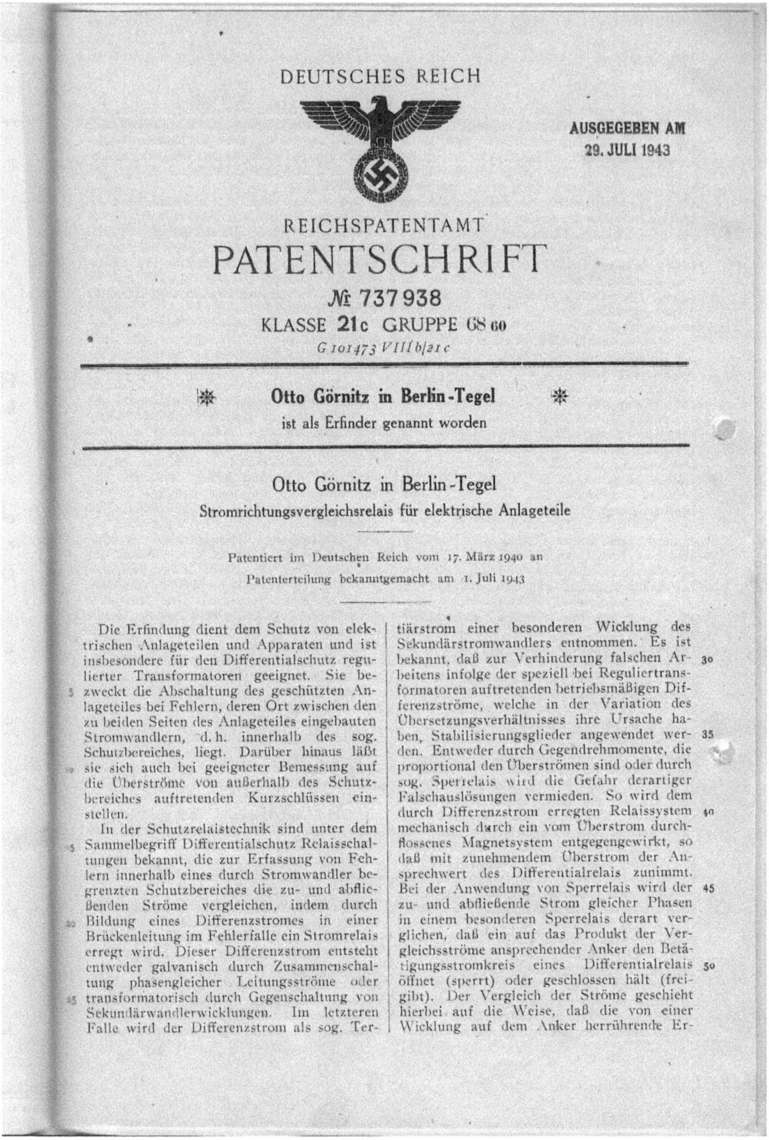

DEUTSCHES REICH

AUSGEGEBEN AM 29. JULI 1943

REICHSPATENTAMT

PATENTSCHRIFT

№ 737 938

KLASSE 21c GRUPPE 68 60

G 101473 VIII b/21 c

Otto Görnitz in Berlin-Tegel

ist als Erfinder genannt worden

Otto Görnitz in Berlin-Tegel

Stromrichtungsvergleichsrelais für elektrische Anlageteile

Patentiert im Deutschen Reich vom 17. März 1940 an

Patenterteilung bekanntgemacht am 1. Juli 1943

Die Erfindung dient dem Schutz von elektrischen Anlageteilen und Apparaten und ist insbesondere für den Differentialschutz regulierter Transformatoren geeignet. Sie bezweckt die Abschaltung des geschützten Anlageteiles bei Fehlern, deren Ort zwischen den zu beiden Seiten des Anlageteiles eingebauten Stromwandlern, d. h. innerhalb des sog. Schutzbereiches, liegt. Darüber hinaus läßt sie sich auch bei geeigneter Bemessung auf die Überströme von außerhalb des Schutzbereiches auftretenden Kurzschlüssen einstellen.

In der Schutzrelaistechnik sind unter dem Sammelbegriff Differentialschutz Relaisschaltungen bekannt, die zur Erfassung von Fehlern innerhalb eines durch Stromwandler begrenzten Schutzbereiches die zu- und abfließenden Ströme vergleichen, indem durch Bildung eines Differenzstromes in einer Brückenleitung im Fehlerfalle ein Stromrelais erregt wird. Dieser Differenzstrom entsteht entweder galvanisch durch Zusammenschaltung phasengleicher Leitungsströme oder transformatorisch durch Gegenschaltung von Sekundärwandlerwicklungen. Im letzteren Falle wird der Differenzstrom als sog. Tertiärstrom einer besonderen Wicklung des Sekundärstromwandlers entnommen. Es ist bekannt, daß zur Verhinderung falschen Arbeitens infolge der speziell bei Reguliertransformatoren auftretenden betriebsmäßigen Differenzströme, welche in der Variation des Übersetzungsverhältnisses ihre Ursache haben, Stabilisierungsglieder angewendet werden. Entweder durch Gegendrehmomente, die proportional den Überströmen sind oder durch sog. Sperrelais wird die Gefahr derartiger Falschauslösungen vermieden. So wird dem durch Differenzstrom erregten Relaissystem mechanisch durch ein vom Überstrom durchflossenes Magnetsystem entgegengewirkt, so daß mit zunehmendem Überstrom der Ansprechwert des Differentialrelais zunimmt. Bei der Anwendung von Sperrelais wird der zu- und abfließende Strom gleicher Phasen in einem besonderen Sperrelais derart verglichen, daß ein auf das Produkt der Vergleichsströme ansprechender Anker den Betätigungsstromkreis eines Differentialrelais öffnet (sperrt) oder geschlossen hält (freigibt). Der Vergleich der Ströme geschieht hierbei auf die Weise, daß die von einer Wicklung auf dem Anker herrührende Er-

Foto 87: Patentschrift, am 29. Juli 1943 ausgegeben

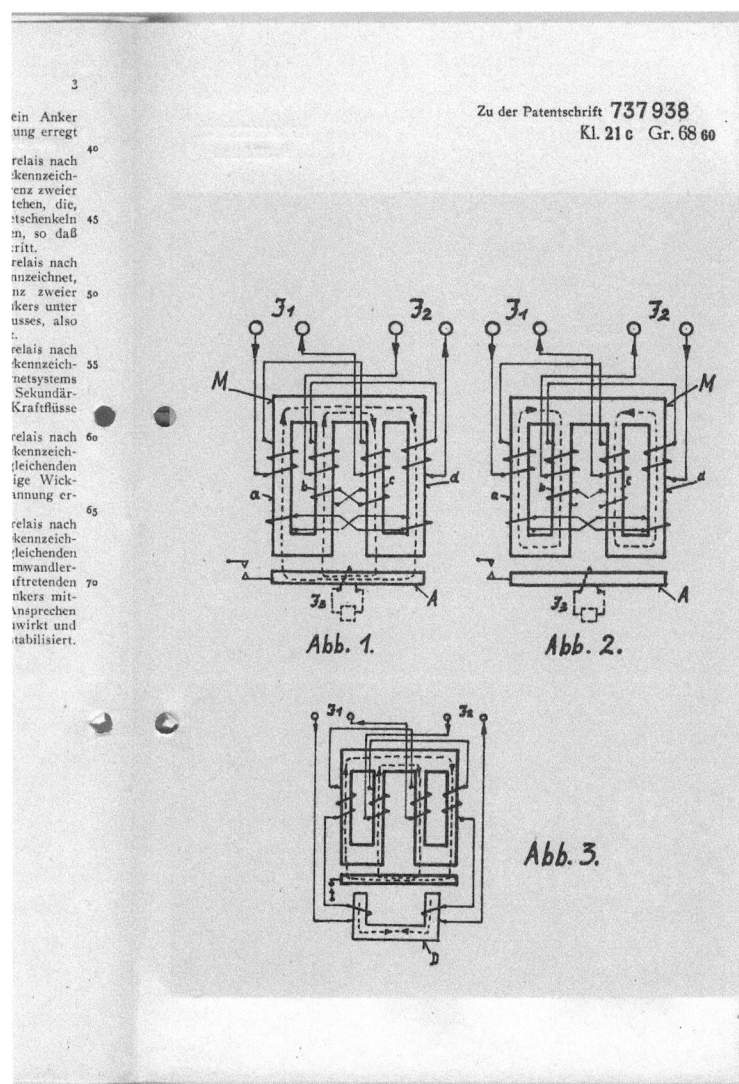

Foto 88: Zeichnungen zum Patent 737 938 – für Experten machen sie sicherlich Sinn.

Prost Kaffee: Kindheit

Diddi sagte, ihre Mutter habe kurz vor dem Tod ein Lächeln auf den Lippen gehabt.²⁹⁹ Das ärgerte Diddi, weil die Mutter eine Art Erleichterung zeigte und Diddi sich allein gelassen fühlte. Mutter und Tochter hatten sich zuletzt im Krankenhaus gesehen.

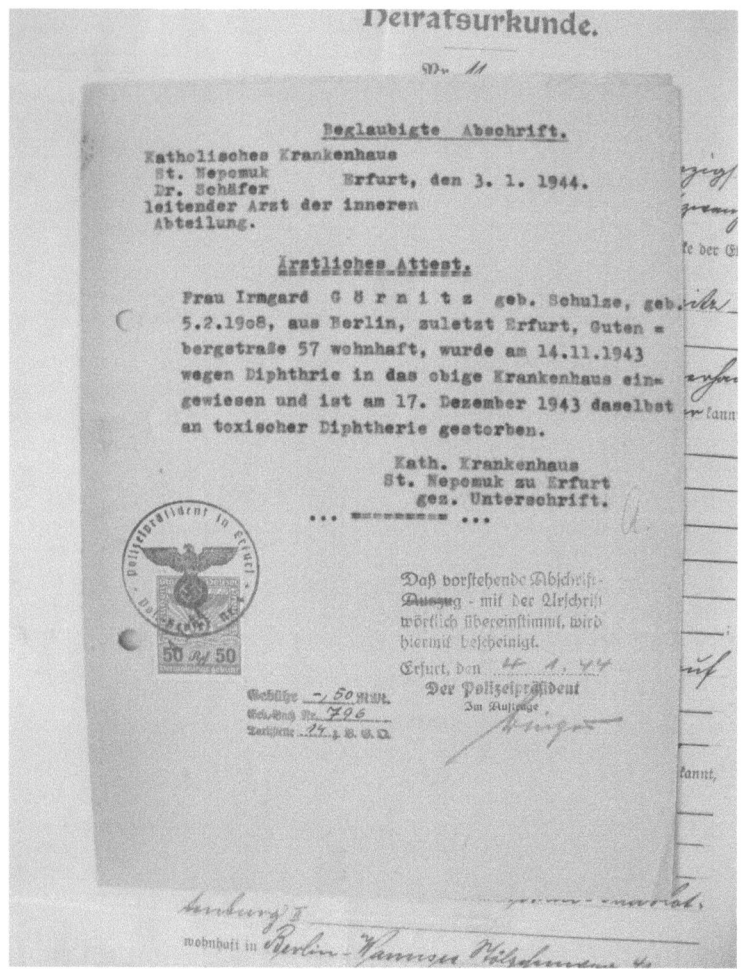

Foto 89: Ärztliches Attest über den Tod von Irmgard Görnitz

1939–1945

Nach Gottes unerforschlichem Ratschluß verstarb am 17. Dezember, drei Tage nach ihrem lieben Mann, nach langer schwerer Krankheit unsere innigstgeliebte herzensgute Mutter, unsere unvergeßliche Tochter und Schwester, unsere liebe Schwiegertochter, Schwägerin und Tante

Frau Irmgard Görnitz
geb. Schulze

Foto 90: Die Trauerfeier fand am Sonnabend, den 18. Dezember 1943 um 8 Uhr auf dem Südfriedhof statt.

aus Berlin-Tegel.
Erfurt, den 17. Dezember 1943.
Gutenbergstr. 57, I.

Laut Wikipedia (dem Online-Lexikon) ist der **Südfriedhof** heute ein Teil des Südparks, einer mittelgroßen Parkanlage in Erfurt. In diesem Park gibt es über 100 Jahre alte Bäume und zwei Gedenkstätten vom ehemaligen Friedhof. Zwischen 1871 und 1956 wurden dort etwa 75.000 Menschen bestattet, unter anderem VIPs aus Erfurt, wie Kaufleute, Künstler und Wissenschaftler mit ihren Familien. Der Friedhof galt als einer der schönsten in Mitteldeutschland. Er wurde 1978 geschlossen.[300]

Prost Kaffee: Kindheit

Foto 91: Warst Du mal da? – Joachim: „Ja, ich glaube ja."[301]

***

Kapitel 6 | 1944: „Entweder tot mit Trara..."

Der neue Ventilator pustet uns ins Gesicht. Angenehm. Der kommt von der AEG, also der Firma, für die der Vater meines Vaters bzw. mein Großvater früher auch gearbeitet hat.
Für das Jahr 1944 haben wir nur zwei Fotos, dafür aber viel Filmmaterial, vor allem von Interviews, die mein Vater und ich im Dezember 2011 aufgenommen haben.

Joachim: „Ja, ich war allein. Eltern war'n tot. Allein war'n wir... Das war schon in Erfurt."[302]
Nachdem Deine Eltern starben, hat Dein Onkel Euch adoptiert?
"Das hab ich gar nicht so mitgekriegt. Das war ja Kriegszeit. Das ging alles so schnell..."[303]
Also der Reihe nach.
Über die Zeit nach dem Tod der Eltern schrieb Diddi: "Otto und ich kamen sofort, noch vor Weihnachten, in ein Heim, {in} Bad Berka bei Weimar."[304]
Joachim: „Ich kam zu Lincke".[305]
Aus meinem Tagebuch (mit Infos vom Familientreffen 2003)[306]: „Hildegard war frech und lebhaft. Deshalb wollten die Großeltern {in Erfurt}, die die Kinder zuerst hatten, sie nicht behalten".[307] Aber dazu hatte ich im Tagebuch auch gleich vermerkt: „Nun bin ich mir nur noch 80% sicher, dass es so war. Ich verstand nicht, wie das alles während des Krieges ablief. Wer war wo?"[308]

Prost Kaffee: Kindheit

Foto 92: Joachim (ca. 1944)

1939–1945

Diddi in ihrem Brief: „Mein Vertrauen zu ‚Oma Erfurt' war hin durch die Streitereien. So kam ich zur Tante Hilde, Vatis Schwester {Hildegard Honig, geb. Görnitz}. Die mochte mich."[309]

„Oma Erfurt" und Tante Hilde waren beide Diddis Taufpatinnen gewesen.[310][311] (1972 war Diddi meine Taufpatin.)

Foto 93: Die Mädchen Diddi (links) und Irmchen mit den Erwachsenen „Oma Erfurt", Otto und „Opa Erfurt" (März 1941)

Diddi: „{Tante Hildes[312]} Tochter Irmgard oder Irme ({sie war} verwöhnt) bekam wegen mir ein paar kräftige Ohrfeigen:

Einen Tag {sollte} ich, den nächsten Irme abwaschen. Denkste! Sie machte Schulaufgaben und ging runter zum Spielen. Wir beide waren 11 Jahre. Ich wusch jeden Tag ab, {machte} danach erst {meine} Schulaufgaben.

Die Tante kam {eines Tages} aber eher von der Arbeit und fragte mich: ‚Heute wäre Irme dran. Macht sie nichts?'

Ich sagte: ‚Ja'.

{Sie hat das} Küchenfenster aufgerissen, {so} wie Vati {das} auch {gemacht hatte}. Irme kam und dann das Donnerwetter.

Ich bin <u>nicht schadenfroh</u>.

109

Prost Kaffee: Kindheit

Aber wir waren in einer Klasse, und ich bekam von Fräulein W. Schläge. Musste mich vorne auf den Schultisch legen, und die haute mir den Rohrstock auf meine Unterhose. Und die ganze Klasse johlte vor Freude. Ich bekam den Stock, weil ich angeblich gelogen hatte! Wir sollten ein Buch lesen: Barbarossa, dem der Bart durch den Tisch wuchs. Ich habe es dreimal gelesen. Es blieb einfach nichts in meinem Kopf. Wenn ich sonst 'was gelesen hatte, konnte ich es immer erzählen, aber Barbarossa geht bis heute nicht."[313]

Diddi weiter: "Vollwaise zu verhauen macht Spaß. ‚Oma Wannsee' ({unser} Vormund) rief in der Schule an: Ich sollte zu Frau Lincke {gehen}, um ihr eine Nachricht zu bringen. Ein Kind kam vom Rektor. Ich sollte zu ihm kommen, {denn} eben hat Oma angerufen, lässt uns schön grüßen, und ich sollte zu Joachim und Frau Lincke gehen.

Fräulein W. hatte nun Angst, ob ich 'was gesagt hatte wegen dem Rohrstock und fragte mich, was denn der Direktor wollte. Ich sagte keinen Ton. Das war Erfurt."[314]

Foto 94: Die drei Geschwister wieder beisammen in Schlesien – Otto kam nur zu Besuch.

Das Umziehen ging weiter.

Diddi: „Im April 1944 kamen Joachim und ich nach Schlesien zu Tante Elfriede und Karin...

Otto kam nach Breslau zu Verwandten."[315]

Er blieb für ein Jahr bei Onkel Waldemar, seiner Frau Dora und deren Tochter Helga, bis sie auf die Flucht gingen – ohne Waldemar allerding, weil der die Festung in Breslau mit verteidigen musste.[316]

Die Cousine Helga schrieb 1972: "{Otto} habe ich eine Zeitlang als ‚Bruder' gehabt, was für mich damals als Einzelkind ein Riesenerlebnis war. Nur war die Zeit nicht gerade schön, da Krieg war, und wir waren stets in Alarmbereitschaft oder im Keller."[317]

Es wäre schön, herauszufinden, ob Helga noch lebt und falls ja, dann einen Kaffee zusammen zu trinken. Sie müsste so alt wie mein Vater sein. Wir haben kein Geburtsdatum für sie aber ihren Hochzeitstag...

Zurück zu Diddi und Achim:

Diddi: „Achim klammerte sich an meinem Mantel fest. Ich war die Einzige, der er wohl vertraute. In Karin hatte er eine Spielfreundin {gefunden}. In Schlesien hatte ich ein prima Zeugnis."[318]

Schlesien: Es war „ein großer Bauernhof"[319], sagt Joachim. Er erinnert sich an das Bauernhaus, auch an den Ziegenstall, wo er die Pforte an den Kopf bekam: viel Blut und „großes Geschrei"[320].

Daher die Narbe am Kopf.[321] Joachim reibt sich die Stirn: „{Die} habe ich ja heute noch. Das war von einer Pforte."[322]

Die vom Ziegenstall?

„Genau."[323]

Und weiter geht's...

Diddi: „{Im} August 1944 packten wir wieder die Sachen, {nun} in Richtung Berlin wegen der Russen, die immer weiter nach Deutschland kamen.

Prost Kaffee: Kindheit

In Berlin angekommen stand ‚Oma Wannsee' am Bahnhof. Ich musste bei Oma {in Berlin} bleiben."[324]

Da änderte sich Diddis Leben: „Mein Leben war von zehn Jahren ab sehr arbeitsam. Arbeit gab es in Wannsee genug."[325]

„Tante {Elfriede}, Karin und Joachim fuhren weiter {in} Richtung Perleberg {zweitgrößte Stadt im Land Brandenburg[326]} in ein Dorf zu Familie Hahn (Bauernhof)."[327] Familie Hahn wohnte in Wohlsdorf in Krets, auf halber Strecke zwischen Leipzig und Magdeburg.

Joachim beschreibt den Bauernhof dort:

„Die hatten 'n Haufen Kühe, und Pferde."[328] „Ich glaube, zwei Pferde – eins, glaube ich, war ein junges Pferd. Die hatten auch eine schicke Pferdekutsche: Ein Pferd vorne, ein' schicken Wagen mit zwei Rädern, so 'n bisschen überdacht, und dann fuhren sie am Sonntag immer zur Kirche. Ganz elegant angezogen. In den Wagen passten zwei Leute. Tor auf, und dann ging's los."[329]

Bist Du da auch mitgefahren?

„Ich glaube nicht."[330]

„Und dann die Kühe… die steh'n am Tor, genau zur rechten Zeit. Erst werden sie gemolken, dann wird das Tor aufgemacht. Vorher stehen sie schön artig davor. Und dann läuft eine nach der anderen zur Wiese. Die wissen genau den Weg, und wieder zurück."[331]

Wohlsdorf, da warst Du mit den Pferden und den Kühen.

„Ja, das war richtig schön."[332]

***

Ein anderes Kriegserlebnis, das ich jetzt einordnen kann:

Papa, Du hattest davon erzählt, wie Du im Krieg hungrig warst und Du hattest gesehen, wie Leute von einem toten Pferd, auf dem ein Soldat saß, noch 'was vom Speck abgeschnitten hatten – der Soldat hatte Speck mit drauf. Wie war das genau?

„Da war'n wir von Wannsee, von unserem Haus {losgegangen}, dann die Straße nach Wannsee rein, und alle {gingen} in so 'nem Treck. Das war richtig sonnig, heiß war es. Wir liefen lange, 'n langer Zug war das.

Und dann lag da ein totes Pferd, und da saß ein Toter noch als Reiter drauf. Der halbe Kopf war offen, also, war weg, und das Pferd war noch unberührt sozusagen. Das lag einfach nur da. Und dann ist einer aus diesem Treck rausgegangen und hat mit 'nem großen Messer irgendwas vom Pferd abgeschnitten. Speck oder was war das? Also Fleisch. Es war richtig heiß, das weiß ich noch."

Er dachte nach und sprach weiter: „Ja, wahrscheinlich vor Hunger. Entweder hat er's so gegessen oder nach Hause zum Braten mitgenommen."[333]

Also vom Pferdekörper hat er etwas abgeschnitten?

„Vom Pferdekörper, vom Pferd, ja."[334][335]

Untenrum?

„Nein, vom Bauch. Vom Pferd abgeschnitten."[336]

Joachim weiter: „Von den Marschierenden hat sich keiner darum gekümmert. Das war einfach so. Die sagten: ‚Naja, vielleicht hat er Hunger'. Die gingen so unberührt, gingen die weiter."[337]

Was hat Dich daran gestört?

„Nö, nix. Auch nix Besonderes… Sind einfach marschiert, sind einfach weitergegangen."[338]

***

Am 14. Oktober 1944 beging Erwin Rommel Selbstmord. Joachim dazu: „Rommel – es gab ja zwei Möglichkeiten: Entweder er bringt sich um, mit Ehren, mit Fahnen und großem Trara; und die Frau mit den Kindern wurden gut behandelt. Es gibt diese eine Seite…

Prost Kaffee: Kindheit

Oder wenn er sich nicht tötet, dann geht es der ganzen Familie schlecht, dann geht das alles 'n Bach runter. Es gab zwei Seiten... obwohl die Schlacht in Afrika schon verloren war."[339]

Der nächste Schlag.
„Opa Wannsee" (Paul Schulze) starb mit 70 Jahren am 3. November 1944 um 13:15 Uhr in Berlin-Potsdam.[340]

Aus meinem Tagebuch (2003): „‚Opa Wannsee' ist an Maschinenöl gestorben, da er den Fisch gegessen hatte, der zum Mittag gekocht und am Abend in diesem Öl gebraten serviert worden ist. Jemand hatte {das Öl} an der Tür als Speiseöl verkauft. Er starb nach zwei Wochen. Die Gliedmaßen sind nacheinander abgestorben."[341] (Die Hühner, die abends Reste von dem Fisch bekommen haben, sind genauso gestorben.[342])

Kann das sein? Wie erinnerst Du das?
„Ne, wie er gestorben ist, das weiß ich nicht. Wir Kinder waren da ja schon woanders."[343]

Joachim auch an einem anderen Tag über „Opa Wannsees" Tod: „{Da} weiß ich auch nichts von. Ich war zu klein."[344]

Früher habe ich wiederholt von dem Öl als Todesursache gehört. Dies wurde auch bei der Familienfeier 2003 in Cuxhaven besprochen.

Weiß Joachims Cousine Christel etwas darüber?
Christel: „Ne, kann ich Dir nicht sagen. Keine Ahnung... Kann sein, dass die {Fische} vergiftet waren... Kann es Dir nicht sagen."[345]

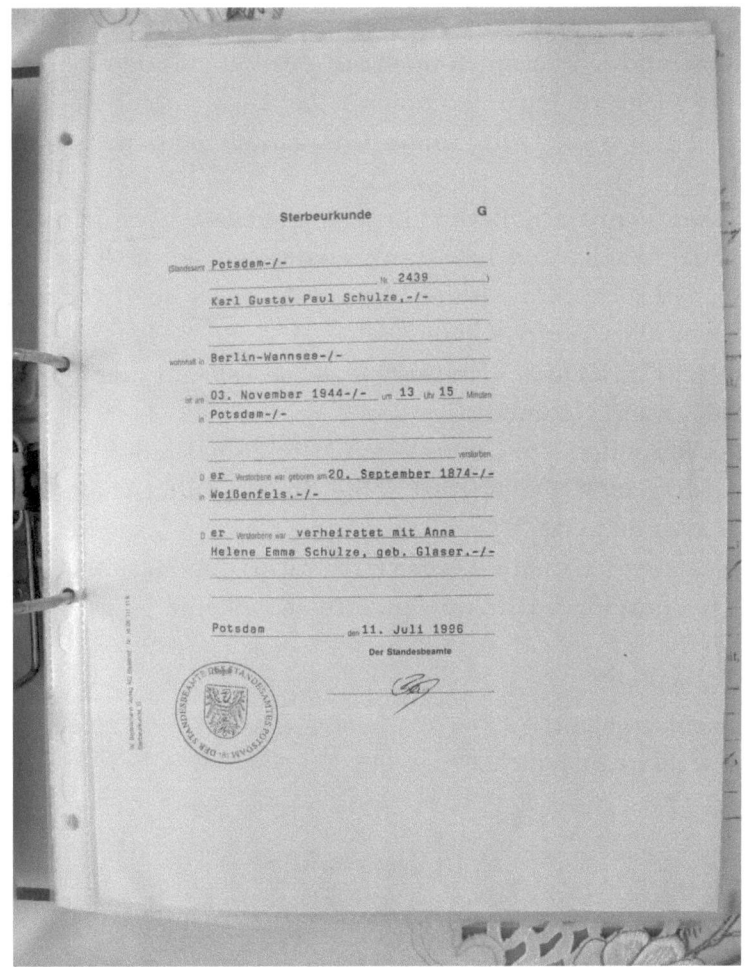

Foto 95: Sterbeurkunde von „Opa Wannsee"

Nun trat das gemeinschaftliche Testament zum ersten Mal in Kraft. „Opa Wannsees" Erbe ging an „Oma Wannsee" über.

Diddi: „Bei Oma hatte ich es gut, hatte nur Angst, dass sie sterben könnte".[346]

Einen Monat später kam es dazu.

Prost Kaffee: Kindheit

Diddi: „Oma musste im November 1944 ins Hubertus-Krankenhaus und ich verkroch mich auf der Veranda in eine Ecke und konnte nicht zu Oma {kommen}, die mich immer rief. Der Krankenwagen war da. Frau Fromm[347][348], bei der ich dann wohnte, fand mich.

Onkel Kurt kam nach Berlin. Er war Soldat[349], aber in Perleberg.[350] Er nahm mich mit ins Krankenhaus. Ich saß im Flur und konnte das Bett sehen. Oma {sah ich} nicht {hörte sie aber}. Sie sagte immer wieder ‚die Görnitz-Kinder'".[351]

Joachim (2012): „‚Oma Wannsee' sagte, als sie im Sterben lag: ‚Nehmt die Kinder! Nehmt die Kinder!'"[352]

Heute: „Die Kinder! Um Gotteswillen, nehmt die Kinder!"[353][354]

Diddi: „Ich glaube, Onkel Kurt sollte die Vormundschaft übernehmen, was er dann tat."[355]

„Oma Wannsee" (Anna Glaser) starb mit 69 Jahren am 11. Dezember 1944 um 18:05 Uhr im Hubertus-Krankenhaus in Berlin-Nikolassee.[356]

Weißt Du woran?

„Nein, weiß ich nicht."[357]

Christel weiß es auch nicht.[358]

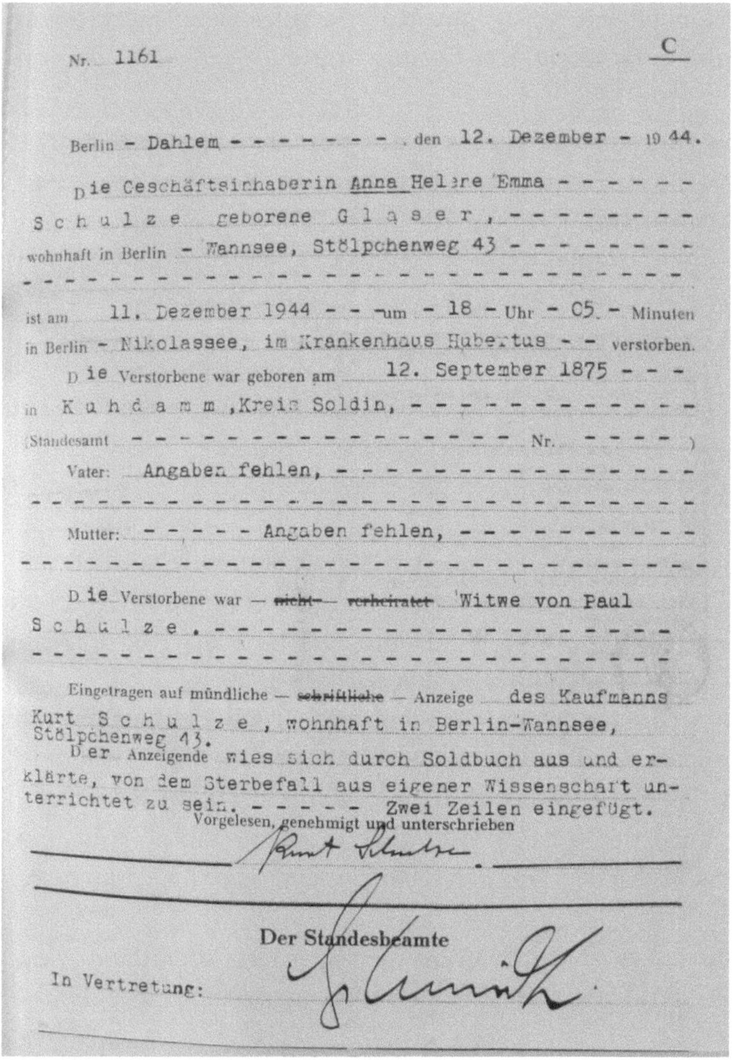

```
Nr. 1161                                                    C

      Berlin - Dahlem - - - - - - - - , den 12. Dezember - 1944.
         Die Geschäftsinhaberin Anna Helene Emma - - - - - -
      S c h u l z e   geborene  G l a s e r , - - - - - - - - -
wohnhaft in Berlin - Wannsee, Stölpchenweg 43 - - - - - - -
- - - - - - - - - - - - - - - - - - - - - - - - - - - - - - -
ist am   11. Dezember 1944 - - um - 18 - Uhr - 05 - Minuten
in Berlin - Nikolassee, im Krankenhaus Hubertus - - verstorben.
       Die Verstorbene war geboren am   12. September 1875 - - -
in K u h d a m m , Kreis Soldin, - - - - - - - - - - - - -
(Standesamt - - - - - - - - - - - - - - - - - - - Nr. - - - - )
      Vater:  Angaben fehlen, - - - - - - - - - - - - - - - -
- - - - - - - - - - - - - - - - - - - - - - - - - - - - - - -
      Mutter:  - - - - Angaben fehlen, - - - - - - - - - - -
- - - - - - - - - - - - - - - - - - - - - - - - - - - - - - -
         Die Verstorbene war — nicht— verheiratet  Witwe von Paul
S c h u l z e . - - - - - - - - - - - - - - - - - - - - - - -
- - - - - - - - - - - - - - - - - - - - - - - - - - - - - - -
         Eingetragen auf mündliche — schriftliche — Anzeige   des Kaufmanns
Kurt  S c h u l z e , wohnhaft in Berlin-Wannsee,
Stölpchenweg 43.
         Der Anzeigende wies sich durch Soldbuch aus und er-
klärte, von dem Sterbefall aus eigener Wissenschaft un-
terrichtet zu sein. - - - - - Zwei Zeilen eingefügt.
                   Vorgelesen, genehmigt und unterschrieben
_____
                    Kurt Schulze.
_____
                   Der Standesbeamte
In Vertretung:
```

Foto 96: Hast Du von „Oma Wannsees" Tod 'was mitgekriegt? - "Ne, gar nichts."[359] „Oma war auf einmal nicht mehr da."[360]

Prost Kaffee: Kindheit

Gleich am nächsten Tag gab Kurt Schulze beim Standesamt in Berlin-Dahlem Bescheid. Der Beamte tippte:

> ... Eingetragen auf mündliche Anzeige des Kaufmanns Kurt Schulze, wohnhaft in Berlin-Wannsee, Stölpchenweg 43.
> Der Anzeigende wies sich durch Soldbuch aus und erklärte, von dem Sterbefall aus eigener Wissenschaft unterrichtet zu sein..."

Dann las er das Geschriebene laut vor. Kurt genehmigte und unterschrieb es.[361] Kurt nahm die „Görnitz-Kinder..."
Diddi: „So zogen wir alle in das Haus (Stölpchenweg 43) ein".[362]
Das heißt, nicht *alle*...
Joachim weist auf den skizzierten Stammbaum in Diddis Brief:
„Diddi und ich wurden von Kurt Schulze übernommen. Also wir kam' dann nach Wannsee. Und Otto, der kam ins Heim. Der war schon zu groß, den wollte wohl keiner haben."[363]
Christel über Otto: „Der war nicht tragbar... Bei Hildegard war er am Fummeln im Keller. Und da hat Vater gesagt: ‚Der muss raus!'.
Er hatte ihn erst aufgenommen, aber dann musste er wieder weg?
Christel: „Ja, das wäre zu gefährlich gewesen, sagte Vater.
Aber er wurde früher mit übernommen, und dann hat er gegrabbelt und dann...
„Genau. Ja, er sollte übernommen werden, aber dann ging er gleich. Das hatte kein' Sinn. Vater hat das gemerkt und sagte: ‚Nein, der muss raus.'"

Joachim sagt, und dies ist mir neu: „{Die Eheleute} Honig wollten mich haben".[364] Er habe also noch ein anderes Angebot gehabt.

Tante Hilde – sie hatte je Herrn Honig geheiratet – war Joachims Taufpatin gewesen[365] und „Opa Erfurt" sein Taufpate.[366] Bei der Familie Honig wäre mein Vater in Erfurt aufgewachsen.

Aber für Joachim ging's „dann wieder zurück"[367] nach Berlin.

„Da merkte man in Wannsee noch nichts vom Krieg."[368]

Onkel Kurt arbeitete weiter als Fahrer beim Militär, wurde nun auch „erst mal wegen der Kinder"[369] nicht zum Krieg eingezogen.

Aber die anderen hatten ja auch viele Kinder... (?)

„Vermutlich war die Fahrertätigkeit in Perleberg wichtig."[370]

Eine Patchwork-Familie im Krieg.

Ab Ende 1944 kümmerten sich Onkel Kurt (Spitzname „**Pappi**") und Tante Elfriede (Spitzname „**Fiete**") um ihre eigene Tochter Karin (4), zudem weiter um ihre Nichte Diddi (11) und dann auch um ihren Neffen Joachim (5).

Joachim: „'Pappi' war das überhaupt nicht recht".[371]

Er soll oft über die Kinder geschimpft haben.

Joachim: „Auf der anderen Seite konnte ich froh sein, dass ich auf so'm großen Grundstück {aufgewachsen bin}".[372]

Wichtiger: Die Kinder wurden aber „nicht verhau'n".[373]

Joachim übers Formale: "Du kriegst einen Vormund {Onkel Kurt} und einen Gegenvormund {Herr Glaser}, damit das stimmig, also vom Gericht gerechtfertigt ist."[374]

Beim Namen Glaser denkt man zuerst: Er muss mit „Oma Wannsee" (geb. Glaser) verwandt gewesen sein, aber: „Falscher Fehler", wie mein Vater früher gern sagte.

Christel über Herrn Glaser: „Das war ja hier einer aus Wannsee. Der war nicht aus dieser Familie. Das war 'ne andere Familie. Der hieß zufällig auch Glaser. Ich seh' ihn noch 'n bisschen vor mir, also schemenhaft: Er war so'n bisschen stärkerer Typ. Kann Dir nicht sagen, ob der in der Schulstraße wohnte, oder da in dem Dreh..."[375]

Prost Kaffee: Kindheit

Ja, und noch jemand mischte mit: "**Emmchen, der Käfer**" natürlich – Fietes Mutter. Sie war oft da und gehörte zur Familie. Zu ihr kommen wir noch.

„Sehr liebevolle Oma", sagte Joachim über sie.[376]

Christel: „*Ganz* nette Frau."[377]

Viele Spitznamen... Ich fragte Christel:

Woher kommt eigentlich der Spitzname „Fiete"?

Christel: „Der Name Fiete? Hat Achim gesagt: Fiete. Im Fernsehen war 'ne Frau, die hat gestrickt... ja, ich glaube, gestrickt. Und das war Fiete Appelschnut[378]; und dann kam der Name Fiete, Fiete Appelschnut. Von Achim. {Das} hat er auch rausgebracht.

Wie kam der Name Diddi?

Christel: „Das hat {Achim} wohl in der Kindheit gesagt, da konnt' er den Namen nicht richtig aussprechen; dann hieß sie Diddi.[379]

Und wie kam der Name „Emmchen der Käfer"?

Christel: „Das weiß ich nicht mehr so genau."[380]

Joachim: „‚Emmchen der Käfer'. Den Namen hat Christel {aufgebracht}."[381]

Christel: „Ne. Irgendeiner hat den aufgebracht. Ich weiß nicht wer. Ich hab' das bloß weitergeplappert."[382]

                    Es wird Abend.

          Papa, hast Du mir eigentlich die

          Windeln gewechselt, als ich klein war?

            „Nein, das hat Mama gemacht."

     Altenpflegerin Bianca bringt meinen Vater ins Bett.

                    Schluss für heute...

            „Neee... kann ruhig weiter geh'n."

Joachim sagte rückblickend: „Naja, ich hatte ja an und für sich noch nie 'n richtiges Zuhause"[383] außer „in Tegel als Kleinkind'[384]. „Ich war ja immer am Wandern. Von Wannsee aus angefangen,[385] und es gab kein richtiges Zuhause."[386][387]

Wir haben 17 Seiten. Wir haben sonst immer 12 Seiten, aber ich glaube, das ist ok. Was sagst Du dazu?
„Wie viele Seiten hast Du da?"
17. – Ok. Genug für heute.
„Ja."
Mal sehen: wie viele Worte ham wir heute?
2070 – das Doppelte.
Joachim schaltet den Fernseher ein.

***

Kapitel 7 | 1945: „Nur in Unterhosen"

Heute gibt es Himbeertorte.
Uns beschäftigt die Frage, ob man bei einem alten, kranken Menschen operieren soll, wenn man ihm damit das Leben rettet. Oder soll man den Menschen sterben lassen? Für uns kommt es darauf an, ob der Mensch noch leben will oder – falls er das selbst (zum Beispiel da dement) nicht sagen kann – ob man als Außenstehender denkt, sein Weiterleben sei sinnvoll, zum Beispiel weil er Spaß daran hat und friedlich ist. Das wirft neue Fragen auf.
So, zurück zur Biografie!

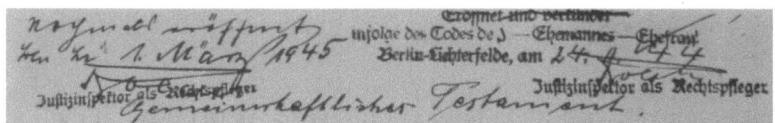

Foto 97: Vermerke im Testament von Joachims Großeltern

Das gemeinschaftliche Testament von „Oma und Opa Wannsee" wurde zum ersten Mal am 24. November 1944 nach „Opa Wannsees" Tod am 3. November 1944 „eröffnet".[388] Es wurde am 1. März 1945 „nochmals eröffnet", nachdem „Oma Wannsee" am 11. Dezember 1944 gestorben war. {Sehr trocken, pardon, wird besser... anschaulicher.} Nun trat das Testament vollends ein. Der Nachlass ging allein an Onkel Kurt, weil er als einziger Erbe noch am Leben war. Also: mehr Geld, mehr Kinder und ein Weltkrieg.

1939–1945

Joachim erzählte über die Jahre auch diese Geschichte gern:
„Es war einer der letzten Bombenangriffe, und ich zog mich mit der Familie in den Keller des Hauses zurück. Ein bisschen später hörten wir ein Prasseln, das wir uns nicht erklären konnten. Aber als wir den Keller verließen, um nach dem Haus zu sehen, wussten wir die Antwort: Die Garage brannte. Darin war der Zucker gelagert, der nun das Prasseln verursachte: als Kandis. Es regnete Kandis, was ihm als Kind wie zu erwarten Freude bereitete."[389]
Vor einigen Jahren sagte Joachim in einem Filminterview dazu: „{Da} kann ich mich nicht dran erinnern".[390] Heute lacht er.[391] Sein (schelmischer?) Kommentar: „Ja, das kann so... in etwa stimmen".[392] Man muss nicht alles aufdecken.

Die allgemeine Situation in Berlin.
Am 27. April 1945 brach das letzte Bisschen vom Stromnetz der BEWAG zusammen. 24 Stunden lang lag Berlin kraftlos da.[393]
Am nächsten Tag hissten die Russen ihre Flagge auf dem Reichstag. Und zwei Tage später, am 30. April 1945 beging Adolf Hitler zusammen mit seiner Frau Eva Braun im Führerbunker Selbstmord. Der Propaganda-Minister Joseph Goebbels und seine Frau Magda (Hitler war ihr zweiter Trauzeuge gewesen[394]) brachten dort am 1. Mai 1945 zuerst ihre sechs Kinder um und dann sich selbst.[395]
Am Ende des Krieges sollten deutsche Soldaten nur „tote Erde" hinterlassen. Angeblich zerstörten sie von den 225 Brücken in Berlin 140.[396]
So auch die Hubertusbrücke in Wannsee... beim Stölpchenweg.
Diddi: „Die Brücke wurde gesprengt, denn auf der anderen Seite waren die Russen".[397]
Joachim: „Der eine Russe saß auf'm Baum, auf der anderen Seite. Den haben sie von unserer Seite (vom Dach oben) aus abgeschossen. Er fiel runter. Was der auf'm Baum wollte, weiß ich bis heute nicht."[398]

Joachim: „Wir hatten drei deutsche Soldaten."
Waren die bei Euch im Haus?
„Ja."
Ham die da mit gewohnt?
„Ja, so halbwegs. Wir hatten einen bombensicheren Keller."
Gibt's den Keller heute noch?
„Vielleicht gibt es den noch ... als Obstkeller[399] oder weiß der Teufel was! Also, den Keller gibt's noch."[400]

Diddi: „1945 im April: Wir saßen im Keller, ein paar Flüchtlinge kamen auch in unseren Keller. Es gab eine furchtbare Explosion."[401][402] „Als unsere Brücke gesprengt wurde, wurde das neue Haus in seinen Grundmauern erschüttert. Bei der Sprengung schaukelte das Haus. Wir saßen alle im Keller. Das Haus stand."[403]
Bald gingen sie raus und sahen sich um.
Diddi: „Die Seite zur Brücke {hin}: alle Dachziegeln runter, Fenster kaputt und die Tür völlig aus den Wänden. Wenn es regnete, {wurde} alles nass."[404]
Verursachte das das Prasseln?
Joachim: „Hm-mh."[405]
Soweit zu den materiellen Schäden.
Diddi: „Bei uns die {deutschen} Soldaten, die waren gefangen – oder tot."[406][407]
Joachim: „Der ‚Oberhäuptling' {von den Russen} hatte vor unserem Haus ein großes Zelt. Und der hatte 'n Eingang."
Wieviele Leute passten da rein?
„Ne, er alleine."[408]

Joachim: „Die Russen mochten Kinder – aber Frauen mussten sehr vorsichtig mit ihnen sein (Pistole am Gürtel)."[409] "Einer hatte die Haare in der Mitte hoch[410], {seine} Kanone auf'm Rücken, mit 'm Lauf nach unten. {Wer sich} nicht dran hielt, {was der wollte,} dem ging's dreckig."[411]

Diddi: „Die Russen kamen, sagten: ‚Frau komm'. Tante stand als alte Frau neben ihrer Mutter[412]. Die hatten ihre Ruhe. Ein junges Mädchen, circa 18 Jahre, holte man. Die schrie, kam dann zurück und weinte nur."

Später hat Diddi die Vergewaltigung von Fiete mitgekriegt. Diddi sei nicht vergewaltigt worden, sagte Christel, aber sie habe gesehen, was da passiert ist.[413]

Diddi: „Mit elf Jahren war ich aufgeklärt".[414]

Joachim: „Sie sah das oder hörte das Geschrei".[415]

Fiete selbst äußerte sich dazu nicht, erzählte uns (2003) aber eine andere Geschichte:

„Bekannte von uns vom Lederwarengeschäft fragten uns, ob sie einen Koffer in Wannsee aufbewahren könnten, statt ihn mit nach Dahlenburg zu nehmen, weil er {bei uns} sicherer sei.

Niemand aus unserer Familie wusste, was in dem Koffer war, bis wir ihn eines Tages, als die Russen vor Wannsee waren, öffneten: eine SS-Uniform und eine Pistole. Das Schlimmste! Das zu haben würde heißen, dass alle umgebracht werden.

Ich verbrannte die Uniform sofort im Heizungsofen[416] und gab die Pistole dem Freund, der sich dafür interessierte, als wir den Koffer gemeinsam öffneten."[417]

Wie ist es dem Nachbarn – Knippelkunze – ergangen?

Joachim: „Als die Russen kamen… der war ein überzeugter Nazi oder vielleicht… ich war nicht dabei. Man kann es hören, man kann es nicht hören; man kann es glauben, man kann es nicht glauben…. Sie sagen jedenfalls, die Russen hätten ihn mitgenommen. Er wollte

Prost Kaffee: Kindheit

sich wohl nicht ergeben oder er war 'n Feigling und hat sich verkrochen. Nämlich eine Leiche ham wir unten im Keller gefunden, also noch die Knochen. Das könnte sein, dass er das war. Es könnte auch sein, dass es 'n anderer war.[418] Andere sagen, ihn hätten die Russen in' Wald mitgenommen und {sie} hätten ihn im Wald erschossen. Er wär' nur in Unterhosen {gewesen} und hätt' geschrien wie'n Kind. Ich war nicht dabei. Ich kann das nicht bezeugen."[419]

Wer hat Dir das gesagt?
Och, das hörte man so.[420][421]

Heute sagt Joachim: „Drei Mann ham ihn in Unterhemd und Unterhose mitgenommen".[422]

Dann hießt es – das hatte Christel ca. 2014 erzählt: „Einer flüchtete in sein Haus {in das von Knippelkunze}, dem passte die SS-Uniform. Die Russen erschossen ihn..."[423] Es bleibt unklar.

„Knippelkunze, das stimmt!" wiederspricht Joachim hier heftig. „Den ein' ham sie mitgenommen, anstatt... also falsch {gemacht}. Knippelkunze war im Keller."[424]

Und der ist da verhungert, oder was?
„Och, weiß ich nicht.
{Jedenfalls:} Den *Falschen* ham se mitgenommen. Im Krieg ham se gedacht, er war das."[425][426]

Einen Tag später.
Letzte Nacht hatte ich die Idee, die Frau könnte etwas mit seinem Tod zu tun haben, weil er sie und die Kinder doch geschlagen hatte. (?)

Joachim: „Es ist möglich, dass sie ihn im Keller aus Rache oder falsche Liebe oder nenn das wie du willst eingeschlossen hat. Und das Haus, das brannte ja."[427]

> Beim Kaffee und Vorlesen im Altenheim.
> Annette: „Das war eigentlich sehr klug von ihr."
> Fritz: „Das darf man als Tatsache glauben."

Wie ging's weiter im Stölpchenweg Nr. 43?
Fiete: „Das Haus wurde von den Russen besetzt".[428]
Diddi: „Wir wurden aus dem Haus vertrieben..." [429]

Am 8. Mai 1945 kapitulierte die deutsche Wehrmacht bedingungslos. Damit endete der Zweite Weltkrieg in Europa.[430]

Diddi: „...Nach acht Tagen gingen wir zurück."[431]
Joachim: „Da lagen dann erst mal mindestens vier Panzer..."[432]
Er korrigiert heute: „Bei uns da waren *zwei* Panzer".[433]
Weiter: „...Die waren kaputt oder hatten keinen Treibstoff."[434]
„Einer {stand} so fast vor der Tür und einer so halb im Wald, wo der Golfplatz ist. Bei dem einen Panzer war die Kette kaputt."[435]
Heute sagt Joachim: „Da spielten Kinder drauf. Auf'm Panzer. Und bei einem {Kind} war der Arm weg."[436] Ich erinnere mich daran, dass mein Vater mir hiervon früher erzählt hat.
Dann zum Haus:
Joachim: „Die Garage war {ja} abgebrannt; die Fenster hatten kein Glas mehr, sondern waren mit Holzplatten vernagelt; vom Stall waren nur noch einige Holzpfähle übrig."[437]
Fiete: "Die Matratzen waren im Wald verstreut, so auch die Möbel. Die Russen wussten nicht, wie man eine Toilette benutzte. Sie war bis oben hin voll."[438]
Joachim: „Russische Soldaten haben auf das Parkett geschissen, mit der Kanone um, und besoffen."[439]
Fiete: „Alles sah schrecklich aus, aber wir durften nicht aufräumen, sagte man, oder sonst würden die Russen das Haus behalten – so wie sie es mit den Häusern von anderen Deutschen gemacht haben, die gleich aufgeräumt hatten. Dann waren sie ganz von ihrem

Prost Kaffee: Kindheit

Haus verscheucht worden. Jedenfalls sah das Haus so schrecklich aus, dass es niemand haben wollte."[440]

Und das Umfeld?

Diddi: „Auf der Wannseebrücke, die nicht gesprengt wurde, hatten die Russen eine Notbrücke gebaut".[441]

Joachim bestätigt den Bau der Brücke[442], betont aber: „Es waren *Deutsche*, die diese Brücke gebaut haben".[443]

Er erinnert sich an „Steine, Steine, Steine", sagt: „Mit einem Auto konnte man nicht drüber fahren, {die Brücke war} nur für Fußgänger".[444] Zwei Tage später er sagt dazu: „Immer so Steine..."[445]

Diddi: „Vor und hinter der Brücke lagen tote Russen und Soldaten, ca. 250. Es war schon sehr warm. April 1945."[446]

Joachim (spontan): „Das war schon *verdammt heiß*... Das war schon Sommer. Das war schon verdammt warm."[447]

Joachim (ruhiger): "Die Toten, die lagen da rum, im Wald und überall."[448]

Diddi: „Wir mussten Tücher vor die Nase und Mund halten. Wir gingen hintereinander angefasst. Es hat furchtbar gerochen. Bei uns im Wald (im Schützengraben) lagen tote Soldaten. Schlimm."[449]

Was wurde mit den Leichen gemacht?

Joachim: "Die Leichen haben sie nachher eingebuddelt. Die haben sie schnell weggeschafft. Jedenfalls, die gab's dann nicht mehr."[450]

Hierzu hatte mein Vater für den Schulaufsatz gesagt:

„Pfähle wurden in den Boden gerammt, immer vier, sodass sie ein enges Rechteck bildeten. Zwischen diesen Pfählen wurden die Leichen gestapelt."[451][452] Dann sagte er auch: „{Ich} half dabei".[453]

Aber heute widerspricht er: „Ne! Ich war ja zu klein."[454] „Das wurde von den Kindern ferngehalten".[455]

Ich vermute jetzt, dass er das Stapeln der Leichen im Fernsehen gesehen hat. Wir guckten oft die Sendung *Vor 40 Jahren* zusammen.

Joachim noch für den Aufsatz: „Weitere Leichen wurden in Massengräbern begraben. Mehr und mehr Leute wurden gefunden, die Opfer des Krieges geworden waren."[456]

Als Teenager bei unserem Interview „konnte ich die erbärmliche Situation noch nicht so ganz begreifen. Deshalb ‚bohrte' ich tiefer. Joachim beschrieb das generelle Leiden etwas mehr: ‚Fast alles war dem Erdboden gleich, Straßen unpassierbar, Leichen lagen überall, und Blut floss.'"[457][458]

Nun frage ich meinen Vater heute:
Papa, stimmte das so? Oder war es dramatisiert?
Ne, das hab' ich selbst gesehen.

Pflegeassistent Phillip bringt das Abendbrot.
Phillip, möchtest Du mit rein in unser Buch?
„Ja, gerne."
Schön.

Joachim fasste 2011 zusammen: "Die Russen waren in Berlin, hatten zwei Tage Narrenfreiheit, aber dann war schlagartig Schluss."[459]

Er führt aus: „Zuerst kamen ja die Russen zu uns und die ‚vernaschten' alle Frauen. Alles, was weiblich war, wurde ‚vernascht'. Die hatten Freiheit, das ist nun mal Siegerfreiheit. Ihr könnt dann machen, wat ihr wollt. Das hörte ich jetzt nur vor kurzem, dass die Russen zwei Tage Freiheit hatten – also genehmigt von der obersten Regierung. Die konnten machen, was sie wollten: saufen, huren, was sie wollten, aber {dann hieß es}: Dann ist pünktlich, dann-und-dann, Schluss. Wer das überschreitet, wird militärisch bestraft."[460]

Prost Kaffee: Kindheit

Joachim wusste: „Es kam zu russischen Übergriffen, wo jede Selbstverteidigung zwecklos war. Man musste sich an die deutsche Polizei oder die amerikanische Militärpolizei wenden."[461]

Karin dazu: „In jeder Nationalität hast du solche und solche."[462]

Diddi: „Die einfachen Russen nahmen, was sie kriegen konnten, klauten Frauen. An der Pumpstation lagen die Offiziere: GPU Russen {Geheimpolizei}[463], die uns beschützt haben."[464]

Joachim: „Dann hörte man {es} manchmal: Die {gingen} mit ihren eigenen Genossen da militärisch *ganz schön hart* um." (Egal, „ob die weinten oder besoffen waren."[465])

Die russische Militärstation war gleich in der Nähe.

Joachim: „Und das Lied, das kenn ich heute noch. Daa-*dat*-da-*daa*, daa-*dat*-da-*daa*... Das ging Tag und Nacht."[466]

Joachim weiter: „Babelsberg-Ufastadt (die Filmstadt) war die Militärstation von den Russen. Da war damals das Russenlager... die Filmstadt für die Russen. Dat nannte man Babelsberg, Babelsberg-Ufastadt... die Filmstadt, die {gibt's} auch heute noch."[467]

Berlin als Kuchenstück.

Joachim: "Als Hitler Deutschland aufgab und die drei Großmächte Deutschland, nee— ...Frankreich, England, USA und Russland, die schlossen {sich} ja zusammen, und dann saßen se alle da. Und Deutschland ergab sich. Davon hab' ich kaum 'was mitgekriegt."[468]

Weiter: „Und dann wurde Berlin aufgeteilt in die vier Sektoren: Bei uns war's russisch, dann amerikanisch. Zuerst das Russische, das war nicht so... Für uns Kinder war das kein großer Unterschied. Nachher gab es dann Kaugummi und Schokolade und etwas mehr Freiheit. Das Leben war {dann} 'n bisschen einfacher."[469]

Waren nur die Amerikaner auffallend freundlich?[470]

Joachim verneinte: „Die Russen warfen oft Granaten in den Kanal, sodass durch den Druck massenhaft Fische an die Wasseroberfläche kamen. Sie sägten Bäume ab, um leichter an die Früchte zu kommen und so weiter... Also beide Seiten bereiteten den Deutschen etwas Freude auf ihre Weise."[471]

Ich fragte weiter nach den Fischen.

Joachim: „Die Russen warfen Bomben in den Fluss, wodurch die toten Fische oben schwammen."[472]

Wie habt Ihr die Fische eingesammelt?

„Ja, hier mit 'nem Netz, so einfach so eingesammelt."

Und wenn die Fische in der Mitte vom See waren?

„Ja, dann mit dem Boot... So weit war das ja nicht entfernt."

Und hattet Ihr dann viel zu viele Fische?

„Ja, auf jeden Fall genügen."

Und alle waren dann in dem See zugange, um die Fische zu sammeln?

„Ja, naja, auf jeden Fall waren se alle satt."

Und die schmeckten?

„Ja, frische Fische."

Wie habt Ihr die denn zubereitet?

„Mit Öl... Tran, Lebertran oder so... so wat Ähnliches."[473]

In meinem Tagebuch schrieb ich (2003): „Sie hatten schönen Fisch zu essen, den Fiete kochte."[474]

***

Am 2. September 1945 endete – nach sechs Jahren und einem Tag – der Zweite Weltkrieg mit der Kapitulation von Japan. Die Atombomben der US-Amerikaner waren am 6. August 1945 auf Hiroshima und am 9. August 1945 auf Nagasaki abgeworfen worden.

***

Prost Kaffee: Kindheit

Joachim sagte, das Haus im Stölpchenweg 43 „wurde wieder aufgebaut. Keiner wollte das haben."[475] Und „die Brücke wurde wieder neu gemacht, die Baude wurde auch wieder anders gemacht – und der Weg zum Golfplatz wurde auch wieder anders gemacht: Vor dem Krieg waren da 18 Löcher, dann neun Löcher, und man musste zweimal rum, um 18 zu erreichen."[476][477]

Und dann wurde Joachim (sechs Jahre alt) im Herbst 1945 krank:

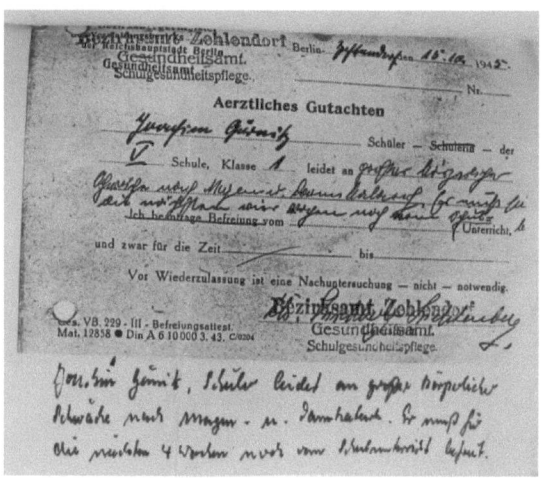

Foto 98: Joachim wurde in der ersten Klasse ab dem 15.10.1945 für vier Wochen krankgeschrieben.[478]

Als Erwachsener füllte mein Vater einen Fragebogen für eine medizinische Untersuchung aus. Unter „Welche Krankheiten, Operationen, Unfälle haben Sie durchgemacht?" tippte er in seiner zehnzeiligen Antwort als Erstes: „1945 große körperliche Schwäche nach Magen-Darminfektion".[479] Zur nächsten Frage „In welchen Krankenhäusern sind Sie bisher behandelt worden?" schrieb er entsprechend: „Krankenhaus Hubertus, Berlin; Westend, Berlin".[480]

Joachim: "Ich hatte Abzehrung" (was auch als „Auszehrung" bekannt ist) und: „Das war schon 'ne dolle Sache..."[481] „Da kam alles zusammen."[482]

In meinem Deutschaufsatz schrieb ich: „Abzehrung brachte immense Probleme. Fast alle Leute litten schon an Unterernährung während des Krieges. Aber nach dem Krieg wurde dieses Problem eine Katastrophe.

Joachim sagte, er habe noch Glück gehabt. Er bekam die tägliche Schulspeise, die ein Stück Käse und Milchsuppe beinhaltete, und ab und zu bekam er sogar ein Stück Schokolade.

Natürlich war dies nicht genug, um zu überleben, und man schien etwas zu ahnen, als sie ihn ins Badezimmer brachten, das leicht zu desinfizieren war."[483]

An dieser Stelle kommentierte mein Lehrer Herr Arno Göttsch: „Kontext unklar". Jahre später (2009) zitierte ich aus dem Aufsatz und ergänzte: „Sie legten meinen Vater ins Badezimmer, weil sie dachten, er stürbe an Hunger. Und das Badezimmer wäre leichter sauberzumachen."[484]

Silvester 2011 fragte ich dann meinen Vater:

Du sagtest, Du wurdest in eine Badewanne oder auf eine Oberfläche gelegt, die man leicht saubermachen kann, weil die Familie schon dachte: mmm, das sieht kritisch aus. Wie war das?

„Ja, das muss Abzehrung gewesen sein..."

Was ist Abzehrung genau?

„Wirst immer dünner."

Obwohl man isst?

„So etwa, ja."

Jemand hatte gesagt, dass man Dir dann mit etwa vier Jahren Bier gegeben hat und dass Du Dich dadurch wieder erholt hast. Was hat es damit auf sich?

Das kann möglich sein, aber—"[485]

Prost Kaffee: Kindheit

Hier endet die Filmaufnahme abrupt, vermutlich die Karte voll oder der Akku leer war.

Einiges entmystifiziert sich bei der Biografiearbeit:
Aufgrund des ärztlichen Gutachtens von 1945 wurde mir klar: Mein Vater war nicht *vier* Jahre alt, als er fast verhungerte, sondern *sechs*, fast sieben.

Ja, und ich habe es über die Jahrzehnte mehrfach gehört: Sie hatten meinem Vater als Kind Bier gegeben, und dadurch habe er überlebt. Das Bier habe ihm sozusagen das Leben gerettet. Joachim wies dies 2009 als Erklärung für seinen Alkoholismus zurück und sagte, das sei „zu einfach".[486]

Eine Szene dazu: Am 19. Juni 2016 saß ich bei der Familie Weis – langjährige Freunde der Familie, die meinen Vater mit seinen Höhen und Tiefen kennen – am Tisch in Tostedt. Sie waren so lieb und lasen dieses Manuskript laut mit verteilten Rollen vor. Ich schrieb am nächsten Tag in mein Tagebuch:

„Helgard sagte beim Lesen gleich: ‚*Malzbier*'. Ihnen wurde *Malzbier* zum Aufpäppeln gegeben. Dieter sagte, das Malzbier habe ein kleines bisschen Alkohol drin, aber auch Schwangere würden es trinken. – Daran hatte ich noch gar nicht gedacht! Malzbier. Jedenfalls habe ich Jahre/Jahrzehnte lang gedacht, es sei *Bier* gewesen.

Als ich meinen Vater mal in einem Videointerview nach dem Bier/dieser Geschichte gefragt habe, sagte er, das wisse er nicht mehr, daran könne er sich nicht erinnern. Das weist für mich darauf hin, dass es vielleicht eine ‚Story' war, aber nicht die Wahrheit (so wie das Kandisregnen...). {Die Story} bleibt als Legende bestehen...

Aber nun gehe ich eh davon aus, dass ich mit circa 15 {in meinem eigenen Aufsatz selbst} nicht so genau war...

1939–1945

Ein interessanter Aspekt dieses Projekts sind die Schichten der Wahrheit: Was war wirklich? Was erinnert jemand zur Zeit A und zur Zeit B? Was sagt jemand wie? Warum verändert sich das?"[487][488]
Was war? Was ist wahr?

Anyway.
Am 4. Mai 2015 schrieb ich in Sydney in mein Tagebuch:
"Gestern fing ich an, die Briefe meiner Eltern (vor allem von Papa soweit) zu lesen. Ich könnte heute damit weitermachen. Ist auch eine gute Vorbereitung auf die Psychologin morgen.

Ich sagte gestern in der Frauengruppe, ich sei '*obsessed*, besessen' von meinen Tagebüchern und nun auch von den Briefen meiner Eltern {zueinander}, wobei ich versuche, etwas zu verstehen. Ich suche nach der Antwort auf etwas. Vielleicht auf die Frage: Warum trank Papa?

Als ich gestern die Briefe las, wurde mir klar, dass es *nicht* der Krieg war – oder dass Pappi Papa als Teenager mit auf Sauftouren um den Wannsee nahm {das im nächsten Band}. Es sah so aus, als ob Papa sich sehr gut machte, bis zu seinem 28. Geburtstag."[489]

Drei Tage später schrieb ich:
"Habe zwei von drei Ordnern der Briefe gelesen und habe das Rätsel – warum trank Papa? – zum Teil gelöst. Direktes Problem war nicht wie vorher angenommen: Kriegskind/Waisenkind. Papa machte sich gut auf See in 1966 (Identität: Offizier). Eine anständige, liebe, professionelle Person mit scheinbar gesunden Verstand."[490]

***

Zurück zu 1945:
Joachim überlebte den Krieg und die Abzehrung, und „so ging der Kampf, Essen zu finden, weiter".[491]

Prost Kaffee: Kindheit

Diddi: "Am 18. November 1945 wurde Christel im Krankenhaus Großer Wannsee geboren. *Süßer Fratz!*"[492]

Christel machte in Berlin 2014 deutlich, dass Pappi „Anfang '45 nach Berlin nach Hause kam und Sex mit Fiete hatte. Fiete war drei Monate schwanger, als die Russen im April '45 nach Berlin kamen. Fiete wurde von sieben Russen vergewaltigt, alle nacheinander, aber da war Fiete schon drei Monate schwanger mit mir, und ich wurde im November '45 geboren."[493]

Sie ergänzte strahlend: „{Ich wurde} bei schönstem Sonnenschein gezeugt und geboren".[494]

Ab dann schliefen „vier Kinder zusammen in einem Zimmer"[495]: Diddi, Achim, Karin und Christel.

Nach dem Krieg hat Pappi das Haus bzw. Grundstück vom Stölpchenweg Nr. 45 gekauft.

Joachim: „Der Kunze war ja verschwunden, der war irgendwie verschollen oder irgendwie...

Ich weiß auch nicht, ob seine Witwe Rente bekam... Jedenfalls Frau Kunze, die konnte das wahrscheinlich nicht mehr halten... Ich weiß das nicht, wie die untereinander liefen...

Jedenfalls für'n Butterbrot und 'n Ei hat es Pappi gekauft, das Grundstück. So, und dann war das Grundstück Nr. 43 unseres, dann {auch} Nr. 45. Dann war {beides zusammen} *ein* großes Grundstück.

Dann war da die Ruine von dem Haus {Nr. 45}. Das war {vorher} so {eine} Art Holzbau... {Es} war auch 'ne schöne Villa mit großem Keller. (Das {Haus} war ja weg. Das war ja platt. {Vorher war ja} alles zusammengebrochen."[496]) Und das {Grundstück mit der Ruine drauf} hat {Pappi} gekauft.

Und dann hat Pappi das Gras drübergemacht, Sand drübergemacht. Das war wie so'n Berg. Und unten, der Keller, das wurde dann ausgebaut, saubergemacht. („So nach und nach."[497])

Und beim Saubermachen da ham se Knochen gefunden. Und da ham se gesagt, das könnte wahrscheinlich Knippelkunze sein. Aber die einen sagen dann: ‚Ne, den ham se mit in' Wald genommen'. Da ham sie gesagt: ‚Ne, dat war 'ne andere Leiche'...

Jedenfalls haben se dann den Keller erst mal als Abstellraum {benutzt} und dann nachher als Schweinestall. Und nachher dann hat Karin das Hotel darauf gebaut."[498][499]

Joachim: „Nach und nach..."[500]

Es gibt Fotos von Otto in Wannsee. Wann kam er dazu?

Joachim: „Nach dem Krieg. Otto kam immer am Wochenende zu Pappi. Otto und Pappi machten alles Mögliche im Garten... {auch} die Gartenarbeit auf dem Grundstück von Kunze."[501]

Hat Otto ganz bei Euch gewohnt?

„Zeitweise. Manchmal."[502]

Joachim: „Und Rainer, der kam später {dazu}."[503]

Rainer war ein weiteres Kind, das Fiete and Pappi aufgenommen haben.

Wie kam der zu Euch?

Das weiß ich nicht.

{Rainer kam 1949/1950 dazu.[504]}

Und wie habt Ihr Euch verstanden?

Och, an und für sich ganz gut.

War er so alt wie Du?

Nee, der war jünger...

Otto, Du und er – habt Ihr zusammen gespielt?

Ja-ja.[505]

Fiete sagte rückblickend: „Umgekehrt hätten Achims Eltern das wahrscheinlich nicht gemacht. Sie hätte die Kinder wahrscheinlich nicht aufgenommen."[506]

Prost Kaffee: Kindheit

Foto 99: Vorschau: Rainer (ca. 1949/50)[507]

Durch den Zweiten Weltkrieg verloren insgesamt mindestens 55 Millionen Menschen ihr Leben.[508]

***

Biografiearbeit – Wie macht man das?

Wer auch gern etwas Bleibendes wie dieses Buch schaffen möchte, könnte machen, was wir gemacht haben.

An dieser Stelle sei gesagt: Ich bin Diplom-Dokumentarin (FH) und habe einen Master of Arts in Internationaler Kommunikation. Für meine Studien wurde ich mit 4 Stipendien, hauptsächlich einem von der Friedrich-Ebert-Stiftung unterstützt. Ich hatte mehr als 40 Jobs in den Medien, machte über 12 Praktika und hatte 1 feste Teilzeitstelle als Online-Redakteurin. Seit 2005 arbeite ich als *Researcher* (freie Journalistin) für den australischen Autoren **Peter FitzSimons**, der einen Bestseller (oft über die Weltkriege) pro Jahr schreibt. Ich nahm an *Teacher-Training* Kursen am Rudolf Steiner College teil, wo auch Karl-Heinz Finkes Seminare zur Biografiearbeit stattfanden.[509] Mehr über meinen Werdegang steht auf meiner Webseite.[510]

So, das dazu.

Wie sind wir bei der Biografiearbeit vorgegangen?

„Interne" Recherche

Das meiste Material, das wir für dieses Buch verwendet haben, stammt aus unserem Familienbesitz.

Wir trugen lauter bereits vorhandene Informationen aus Schränken, vom Dachboden, aus dem Keller, aus der Abseite etc. zusammen, zum Beispiel Fotos, Filme; Briefe und Emails; Dokumente (wie Urkunden und Zeugnisse) und Tagebücher.

Prost Kaffee: Kindheit

Ich nutzte bei meinem Flug von Sydney nach Berlin im August 2015 die Gepäckerlaubnis von 30 Kilo, um für dieses Projekt möglichst viele Tagebücher mit zurück nach Deutschland zu nehmen. Im Handgepäck trug ich knapp 10 Kilo Technik.

Am 8. Januar 2003 hatte ich einen Tag nach der Familienfeier zum 64. Geburtstag meines Vaters in einem Restaurant in Cuxhaven, wo Fiete, Karin, Christel, Diddi, mein Vater und ich über den Zweiten Weltkrieg sprachen, das Gesagte im Tagebuch aufgeschrieben. Auf diese Informationen griffen wir für dieses Buch zurück.

Natürlich ist der Brief von Hildegard Roßhoff (Diddi) Gold wert. Zwar haben Fiete, Diddi oder Christel das Fragenbuch *Mutti, erzähl mal*, das ich ihnen zugeschickt hatte, nicht ausgefüllt, aber Diddi hat uns vor ihrem Tod den Brief geschickt. Er erklärte vieles.

Ich hatte viele Interviews auf Video aufgenommen (vor allem 2011 und 2012), was uns jetzt zugute kam.

Wir griffen auf einen Schulaufsatz von April 1988 zurück, für den ich meinen Vater über seine Kriegserlebnisse interviewt hatte.

Mein Vater hatte in den 1980er und -90er Jahren unseren Stammbaum recherchiert. Dass diese Daten nun schon vorlagen, beschleunigte unser Vorankommen sehr.

Die „Recherche" für die Rahmengeschichte im Altenheim ergab sich vor Ort.

Je nach Tagesform brachte mein Vater sogar neue Informationen. Faszinierend war es einmal, als er sich plötzlich an den Namen der Straße erinnerte, wo er geboren wurde. Das wusste ich vorher nicht. Ich freute mich! In der Mittagsstunde gab ich „Telebrückeweg" und Ähnliches bei Google ein, fand aber keine Ergebnisse. Ich wurde traurig über den Zustand meines Vaters, sagte ihm dazu aber nichts im weiteren Gespräch am Nachmittag. Nicht viel später fand ich in Dokumenten den Wohnort der Familie Görnitz in Berlin-Tegel: Tile-Brügge-Weg. (!) Ja, den zeigte auch Google an.

Manchmal sagt mein Vater: „Ich kann nicht gut sprechen".[511]

Manchmal drehen seine Gedanken und Worte lauter Schleifen. Gern sagt er: „Das is' auch 'ne Geschichte für sich"[512]. Vieles ist „äußerst wichtig", wie er sagt. Er staunt bei der Biografiearbeit „wie die Zeit vergeht" und meint, das „ist Wahnsinn – tatsächlich"; sie sind da erst „als Kinder, jetzt {als} Grufties".[513] Ich staune auch, und das ändert meine Lebensplanung. Was zählt wirklich im Leben?

An einigen Tagen kamen wiederholt sehr... sagen wir... „kreative" Beiträge von meinem Vater, die ich erst mal so als Gedankengymnastik aufnahm und später vorschlug, wir könnten einen Platz für sie in einem „Kapitel 7½" schaffen. In diesem Kapitel (Fiktion) wäre dann *alles* erlaubt. Nach den ersten sieben Kapiteln machten wir uns – mit Kerzen an und einer A3-Fotokollage vor uns – an diesen Ausflug: „Hitler war eigentlich ein ganz friedlicher Mensch. Er wollte Maler werden. Zusammen mit Hindenburg wohnte er auf dem Stölpchensee. Sie wollten einen Kanarienvogel, oder zwei, kaufen..." Aber dann protestierte mein Vater: „Das stimmt doch gar nicht!" Und so blieben wir dann doch bei den ersten sieben Kapiteln – so wahr wie möglich.

In der Familie

Wir trafen Familienangehörige und Freunde, die uns mehr oder weniger bei unserem Projekt unterstützen. Wir telefonierten und emailten auch mit ihnen. (Auch wenn's schwerfällt: Es respektieren, wenn einige lieber nicht mitmachen möchten.)

Übers Online-Telefonbuch und die sozialen Netzwerke versuchten wir, Kontakt zu neu entdeckten entfernten Verwandten aufzunehmen – und wir sind noch dabei: Antworten von zwei Urenkeln von einem Onkel meines Vaters könnten jederzeit eintreffen. Ich hatte ihnen via StayFriends im Internet geschrieben. Auch vom Enkel der Tante meines Vaters könnten wir hören. Wir hatten über Facebook Kontakt zu ihm aufgenommen.

Dokumentieren

Ich machte lauter Notizen von guten Zitaten oder tippte manchmal, als mein Vater und ich zusammen am Rechner saßen, unsere Gespräche gleich mit. Leider notierte ich nicht jedes Mal das Datum zum Gesagten dazu.

Es ist sinnvoll, den *exakten* Wortlaut aufzuschreiben oder aufzunehmen, damit die Zitate möglichst authentisch sind. Aus ethischen Gründen unbedingt offen zeigen bzw. *immer* Bescheid geben, wenn etwas aufgezeichnet wird und nur etwas aufnehmen, wenn es dem/den Befragten recht ist.

Ich filmte viele unserer Interviews. Überhaupt machte ich massenhaft Fotos und filmte (mit meiner Canon G12-Kamera). Das mache ich nach wie vor – sowie Tagebuch schreiben. Manchmal nahm ich Gespräche mit einem Diktiergerät auf.

Online-Recherche

Man kann Informationen recht leicht im Internet finden: generell bei Google und eher speziell bei Wikipedia (Lexikon), Google Maps und OpenStreetMap (Atlas, Karten) oder YouTube (Musik, Videos). Es empfiehlt sich, Linklisten/Booksmarks einzurichten.

Um herauszufinden, wo Fotos aufgenommen worden sind, kann man bei Google (Images) nach dem suchen, was auf den Bildern zu sehen ist. Anekdote: Einmal in der Mittagsstunde saßen eine Mitarbeiterin und ich in der Sofaecke und gaben für die Suche „Denkmal Pferd Reiter am Fluss" ein und kamen bald aufs Deutsche Eck in Koblenz. Das hat Spaß gebracht!

Externe Informationsbeschaffung

Für externe Informationen nahm ich Kontakt zu den jeweiligen Stellen auf, emailte zum Beispiel dem Deutschen Patent- und Markenamt in Berlin und fragte in Venedig nach dem christlichen Hospiz, wo meine Ur-Ur-Oma (Helene Glaser) residierte.

Ich lieh mir Bücher von der Hamburger Staatsbibliothek aus und bekam Recherche-Ergebnisse von der Staatsbibliothek in Berlin.

Für spätere Kapitel recherchierte ich im Deutschen Schiffahrtsmuseum in Bremerhaven, im Internationalen Maritimen Museum Hamburg – auch im Hafenmuseum Hamburg, wo direkt nebenan am Kai die MS BLEICHEN als Museumsschiff liegt, auf der mein Vater in den 1960er Jahren gefahren ist.

Wir beantragten Mitte 2014 beim Bundesbeauftragten für die Unterlagen des Staatssicherheitsdienstes der ehemaligen DDR die Einsicht in die Stasi-Akten. Für meinen Vater gibt's keine Einträge.[514]

Literatur

Mit Hilfe von dem Buch *Papa, erzähl mal: Das Erinnerungsalbum Deines Lebens* – und anderen Büchern dieser Art – stellte ich meinem Vater schon vor Jahren viele Fragen.

Ich lese Bücher (am liebsten Biografien, Memoiren und Ratgeber), sehe Filme (gern Dokus und Verfilmungen von Biografien), gucke Nachrichten und stöbere in relevanten Zeitschriften (zum Beispiel über Psychologie). Ich markierte Stellen in den Büchern farblich mit Stickern je nach Thema und/oder Wichtigkeit.

Ich hatte lauter Material bestellt, das ins Seniorenheim geliefert wurde. Mein Vater sagte derzeit über den Postboten: „Der wohnt schon fast hier".[515]

Prost Kaffee: Kindheit

Informationsmanagement

Eine der ersten Aufgaben war es, die Infos nach Format (zum Beispiel Fotos, Post oder Stammbaum) und/oder nach Thema (zum Beispiel Arbeit oder Gesundheit) grob zu sortieren. Idealerweise findet man Kategorien, womit sich die Bereiche am wenigsten überlappen. Dann sortierte ich das Material innerhalb der jeweiligen Kategorie chronologisch.

Das Material einzuscannen wäre sehr zeitaufwendig gewesen, deshalb fotografierte ich es einfach ab, noch mit dem Gedanken, die letztendlich ausgewählten Fotos dann einzuscannen. Es zeigte sich aber, dass es für unser Projekt – mit der Rahmengeschichte Biografiearbeit – gut passt, wenn die Bilder abfotografiert sind.

Einige Texte tippte ich ab. Gelegentlich nutzte ich den OCR-Scan. Dabei erkennt die Software die Seite nicht nur als Bild, sondern die Buchstaben darauf als Text, den man dann bearbeiten kann.

Einige Briefe und Dokumente liegen in altdeutscher Handschrift vor. Obwohl ich damit gerechnet hatte, im Altenheim jemanden zu finden, der/die das Geschriebene entziffern kann, schien es doch schneller zu gehen, mir das Schreiben und somit Lesen dieser Buchstaben selber beizubringen. Mit Schreibheft und Bleistift saß ich da. Ein Gefühl, wie in der ersten Klasse![516]

Um mir das mühsame und zeitaufwendige Transkribieren von Filminterviews und Audioaufnahmen in Zukunft zu sparen, werde ich Spracherkennungsprogramme ausprobieren.

Fotos und Texte importierte bzw. kopierte ich in Datenbanken.

Für unser Projekt nutzten wir: 1. Scrivener als Text-Datenbank, 2. Apple's iPhoto/Photos Software als Bild- und Filmdatenbank und 3. MacFamilyTree 8 für unseren elektronischen Stammbaum.

1939–1945

Formale Erfassung und inhaltliche Erschließung

Vor der Dateneingabe ist es wichtig zu überlegen, wie man später beim Schreiben vorgehen will. Dementsprechend sollte man die Infos erfassen und erschließen, um sie schneller wiederzufinden.

Für unser Projekt erfasste ich vor allem Jahreszahlen, Namen von Personen (nutzte auch *Tags*) und Orten. Ich vergab Schlagworte, zum Beispiel für Themen („Gesundheit") und die Informationsart („Geburtsurkunde").

Man könnte vieles, vieles mehr eingeben. Es kommt allerdings ein Punkt, wo das Management die Produktion dominieren kann. Gut, sich ab und zu zu fragen: Was ist effektiv? Was ist effizient?

Struktur

Weihnachten 2015 habe meinem Vater ein Fotobuch geschenkt. Dafür hatte ich für jedes seiner Lebensjahre je ein Foto ausgewählt und zeigte die Bilder in chronologischer Reihenfolge: immer sieben Bilder auf einer Doppelseite, also ein Jahrsiebt pro Doppelseite. Das machte derzeit elf Doppelseiten.

Auf diesem Konzept aufbauend war es unser Plan, für jedes Lebensjahr ein Kapitel zu schreiben. Und jedes Kapitel sollte 1000 Worte lang sein. Bei dieser Länge und zurzeit 78 Lebensjahren sollten es insgesamt gut 78.000 Worte werden plus Vorwort, Nachwort und Ähnliches. Das ist die übliche Länge von einem Roman.

Wir fingen mit dem Geburtsjahr meines Vaters (1939) an. Zuerst nahmen wir die Fotos aus der Datenbank und gestalteten eine Fotocollage mit den besten Bildern auf einem A3-Blatt, um einen Überblick zu bekommen. Auch für die folgenden Jahre stellten wir stets erst mal so eine Collage zusammen – und zuletzt dann eine für das gesamte Jahrsiebt (für unser „kreative Kapitel" – dazu gleich).

Prost Kaffee: Kindheit

Foto 100: Vorbereitung für die erste Fotocollage (2016)

Der Text ist länger geworden als geplant. Statt *ein* Buch über das ganze Leben meines Vaters zu schreiben, denken wir nun an einen Band pro Jahrsiebt. Dies hier ist der erste Band (über die Kindheit: 1939 bis 1945) und der zweite folgt sogleich: In Band 2 geht's um seine Jugend (1946–1952 in Berlin). Wir steuern also eine Serie an.

Dabei steht und fällt alles mit meinem Vater. Wir sind ein gutes Team und können gut strukturiert zusammen arbeiten. Wir kennen uns so gut, dass wir oft auch ohne Worte kommunizieren.

„Redaktionelles" Arbeiten

Wir Zwei setzten uns zum Kaffee zusammen, sagten uns „Prost Kaffee", saßen im Altenheim in seinem Zimmer (oder in der Sofa-Ecke) an meinem Laptop und fingen erst mal mit der Rahmengeschichte an: Was ist jetzt gerade bei uns und um uns herum los?

Dann gingen wir – mit der Fotocollage vor uns – den Kerntext an. Die Texte von den Interviews hatte ich transkribiert und in Datenbanken strukturiert.

Als Nächstes kopierte ich Infos aus der Datenbank und fügte sie in ein Word-Dokument ein, worin ich die *Document Map* für die weitere Gliederung und Navigation nutzte. Ich wählte je einen Satz oder Absatz aus der Textdatenbank aus und las ihn meinem Vater vor. Er entschied, ob die Infos so gültig waren, und fügte eventuell etwas zu. Dann der nächste Satz, der nächste Absatz. Satz für Satz, Absatz für Absatz. Zwischenzeitig fügten wir passende Fotos und andere Illustrationen ein.

Die Gesundheit meines Vaters erlaubt es, dass er gut hört, Inhalte weitgehend versteht, *mindestens* mit Ja oder Nein antworten kann. Er nickt ruhig und gutmütig, wenn ihm etwas gefällt; oder er kann sehr deutlich werden, wenn er etwas ablehnt, zum Beispiel sagt er dann kraftvoll: „Ne, ne, ne..." oder „nein, nein, nein..." und/oder „das hat kein' Sinn" oder „das haut so nich' hin".

Wir saßen an sieben Tagen innerhalb von einigen Monaten nachmittags zusammen und gestalteten jeweils den ersten Entwurf von einem Kapitel. So entstanden sieben Kapitel. Je nach der Tagesform meines Vaters (und mir) kamen wir mal so, mal so voran.

Ich habe Peter FitzSimons' Idee, die er bei Literaturevents nennt, übernommen: Ganz nah an dem Gesagten dran sein. Schön wäre es bei unserem Buch, wenn beim Lesen die Vorstellung kommt, dass die zitierten Personen virtuell zusammen an einem Tisch sitzen und sich locker, aber gezielt über die Vergangenheit unterhalten, zeitlos.

Unseren Text ergänzte ich an meinen Tagen außerhalb des Altenheims mit Informationen, die ich bei externen Recherchen, zum Beispiel über die BEWAG, gesammelt hatte. Neue, von mir ergänzte Infos markierte ich in Orange, um sie meinem Vater vorzulesen und zu schauen, wie sein Urteil darüber ist.

Prost Kaffee: Kindheit

Quellen

Die meisten der Quellennachweise führen auf Informationen aus unserem Familienbesitz zurück.

Wegen des Copyrights anderer Leute fragte ich sie persönlich, per Email oder am Telefon, ob wir deren Material verwenden dürfen. Nur mit ihrer nachweislichen Erlaubnis zitierten wir sie und nannten zum Zitat die Quelle dazu.

Oft habe ich Infos aus Büchern oder von Webseiten in meinen eigenen Worten wiedergegeben und dann die Quelle dazu genannt.

Ich ging mit Nachweisen zu Webseiten (zum Beispiel: „Wikipedia, 'Südpark', 6.6.2016") relativ locker um, um möglichst wenig Links zu sich-ändernden Seiten einzubauen. Wer möchte kann mit den Suchworten selbst nachschauen und beständige Infos wiederfinden.

Zuerst standen die Quellenangaben als Fußnoten mit auf den Seiten in den Kapiteln. Das Layout unterbrach aber den Lesefluss zu sehr, deshalb rückten die Angaben nun nach hinten im Buch.

Unsere Bibliografie zeigt eine Auswahl der (gedruckten) Publikationen, die wir für dieses Buch herangezogen haben.

Redigieren

An manchen Nachmittagen las ich meinem Vater aus unserem Manuskript vor. Er brachte Ideen mit ein, zum Beispiel wie man den Text – oder auch das Marketing – verbessern könnte. So machten wir Korrekturen hier und da.

Hin und wieder setzte sich jemand vom Team in der Pause in die Sofa-Ecke zu uns, hörte mit und gab Feedback. Das half uns sowohl inhaltlich als auch dabei, uns nicht einzuigeln, sondern gemeinsam mit anderen Menschen an diesem Projekt zu basteln.

Erst wollte ich die Zitate, auch die von den Videointerviews, so authentisch wie möglich belassen, aber es wurde deutlich, dass der gesprochene Text für den geschriebenen Text nicht immer gut geeignet war. Deshalb veränderte ich Kleinigkeiten in Zitaten für die bessere Lesbarkeit (zum Beispiel passte ich Personalpronomen und den Tempus dem Textfluss an und kürzte Passagen – kürzte dann sogar die Kennzeichnungen für die Kürzungen), wobei der Sinn des Textes bestehen blieb.

Mit der Erlaubnis meines Vaters schickte ich das Manuskript an Freunde und Familie und bat um „journalistische Erste Hilfe", weil ich zeitweise „den Text vor lauter Buchstaben" nicht mehr sah.

Ich baute ihre Verbesserungsvorschläge, welche von Tippfehlern bis zur Neustrukturierung dieses Ratgeber-Teils reichten, ein.

Eine „friemelige" oder „fisselige" Form des Redigierens ist das einheitliche Gestalten der Quellennachweise: eine Wissenschaft für sich. Wen diese Arbeit fasziniert, mag eventuell Register einfügen.

An zwei Tagen las ich mir den Text selbst laut vor. Dabei bemerkt man die Knicke und Falten. Ich *bügelte* ihn bis in seine Ecken und Spitzen, las ihn an den zwei Folgetagen meinem Vater vor: am Laptop mit 300pt Schriftgröße neben ihm sitzend. Weiter *gebügelt!* Und dann heißt's erst mal, wie ich's aus einer Selbsthilfegruppe kenne: *Progress not Perfection*. Fortschritt statt Perfektion. Punkt. (Man findet allerdings immer noch etwas, was man verbessern möchte.)

Was uns fehlte: ein/e Redakteur/in, der/die das gesamte Buch redigiert und ein/e Korrekturleser/in für die finale Kontrolle. So sieht also ein Buch aus, wenn diese wichtigen Aufgaben unerledigt geblieben sind. Heute ist ja nicht alle Tage...

Hilfe könnte nahen: Der Selbstverlag Twentysix, mit dem wir dieses Buch herausbringen, bietet Verlagsdienste gratis an, falls eine Jury es nominiert. Haben wir eine Chance?

Prost Kaffee: Kindheit

Formatieren

Als mein Vater 2014 im Krankenhaus in Hamburg lag und es oft längere Wartezeiten gab, las ich ihm aus dem Buch *Von* Goetzen *bis* Liemba*: Auf Reisen mit einem Jahrhundertschiff* vor. Aus diesem handlichen Buch konnte ich auch auf dem Flur im grellen Licht oder im Zimmer bei weniger Licht gut vorlesen. So nahmen wir das Format (etwa A5), das Papier (cremeweiß), in etwa den Schrifttyp, die Schriftgröße und den Zeilenabstand für unser Buch an.

Auch für die Größe der Fotos richtete ich mich zuerst nach dem Reisebuch. Jedoch präsentiert unser Buch keine Fotostrecken auf glänzendem Papier, sondern Fotos auf den jeweiligen Seiten, wo sie direkt in den Kontext passen.

Die „Paperback"-Option als Einband und die glänzende Laminierung vom Reisebuch wählten auch wir.

Die Maße für die Seitenränder sowie Kopf- und Fußzeilen übernahm ich von der Vorlage vom Selbstverlag Twentysix[517].

Beim Formatieren gewinnt die Verkaufspreiskalkulation an Bedeutung: Twentysix zeigt an: bei 204 Seiten und einem Verkaufspreis von 9,99 Euro ist die Marge von meinem Vater und mir 19,1 %, das heißt 1,78 Euro netto bzw. 1,90 Euro brutto pro Buch. Haben wir 20 Seiten weniger, steigt die Marge auf 21,5 %, das heißt wir bekämen 2,01/2,15 Euro pro verkauftes Buch. (Stand: 4.8.2016)[518]

Solche Rechnungen verleiteten dazu, eine abgespeckte Version vom Text in einem platzsparenden Layout zu publizieren.

Notiz am Rande: Die Anzahl der Seiten muss für die Druckmaschinen durch vier teilbar sein.

Gut, das Manuskript mit genug Zeit hochzuladen, um zu prüfen, ob die technischen Voraussetzungen (300dpi für Fotos) erfüllt sind.

Twentysix bietet Vorlagen für die Covergestaltung an. Damit kann man in einigen Stunden ein einfaches Cover designen.

Veröffentlichen

Mir kommt es darauf an, dass mein Vater mit dem Text zufrieden ist. Er entschied am 11.8.2016 in Brunsbüttel als „letzte Instanz", dass das Buch überhaupt veröffentlicht wird. Wir hätten es auch bei je einem gedruckten Exemplar für ihn und mich belassen können. – Das wäre aber schade gewesen, finde ich.

Er möchte das Buch allerdings gern im A4-Format haben. Okay, gute Idee: A4 für ihn und andere Menschen, die nicht (mehr) so gut sehen können; und A5 für mich und Leute, die es handlich mögen.

Heutzutage gibt es viele Möglichkeiten, Bücher im Selbstverlag herauszubringen.

Meinem Vater schlug ich für dieses Buch Twentysix vor – ein Zusammenschluss von Random House Deutschland und BOD, weil **Peter FitzSimons** für Random House Australia schreibt, und weil ich BOD kenne und Twentysix eine deutsche ISBN anbietet, was die Vermarktung, zum Beispiel auf den Buchmessen in Frankfurt und Leipzig, und den Vertrieb in Deutschland vereinfacht.

Für eine einmalige Gebühr von 39 Euro – ohne die jährliche Datenhaltungsgebühr, die vor einigen Jahren noch üblich war – wird unser Buch dann als gedruckte Ausgabe und als Ebook angeboten.

Es ist in Buchhandlungen in Deutschland, in den USA in Kanada, Australien und England (wo es bestimmt bestellt werden muss) erhältlich sowie im Internet, zum Beispiel bei Amazon. Mit der ISBN (978-3-740-71451-2) findet man *Prost Kaffee* schnell.

Vermarkten

Mein Vater überraschte mich mit seiner Klarheit zur Zielgruppe: „Einerseits ist das interessant für Leute, die Grips haben, die 'was damit anfangen können, andererseits ist das langweilig." Ich dazu: „Ich denke, Du siehst das realistisch – wahrscheinlich realistischer als ich, weil: ich bin ja so nah dran."[519] Er am nächsten Tag: „Man

Prost Kaffee: Kindheit

muss überlegen, ob das einen Buschneger {pardon} und auch einen Psychologen interessiert."[520]

Eins ist klar: Da das Buch auf Deutsch geschrieben ist, sprechen wir eine deutschsprachige Zielgruppe an. Da mittlerweile aber auch hundert Fotos im Buch verteilt sind, könnte es theoretisch für eine internationale Leserschaft von Interesse sein.

In unserer westlichen Kultur dieser Zeit träumt man vom schnellen Geld und von Anerkennung; davon, aus'm Hamsterrad rauszukommen; davon, seinen Traum zu leben – um ausnahmsweise einige der Klischees zu nennen. So geht es mir auch. Und so schauen wir, ob Menschen unser Buch mögen und kaufen.

Pflegefachkraft Laura vom Altenheim war die erste Person, die ein Exemplar von uns vorbestellte. Sie möchte das Buch bei sich im Regal haben und Besuchern zeigen können: „Der wohnt bei uns".

Eine Frau in einer Selbsthilfegruppe war die zweite Person, die ein Buch vorbestellt hat.

Und Hinne, ein guter Bekannter von meinem Vater, hat jetzt auch ein Exemplar bestellt. „Du sollst mir in Erinnerung bleiben", sagt er zu Joachim. Joachim: „Du kannst ja auch gleich *zwei* Bücher kaufen..." (Lacht) Der Kaufmann in Joachim kommt durch.

Meine Ansprechpartnerin bei der Sparkasse in Hamburg sagte, sie finde unsere Idee gut und möchte auch gern ein Exemplar haben.

Die Neurologin meines Vaters Sabine Studt hat ein Buch bestellt und gleich bezahlt. (!) Unsere ersten eingenommenen **10 Euro** werden wir einrahmen und bei meinem Vater aufstellen.

Mein Traum ist es, mindestens 7000 Exemplare zu verkaufen. Das wären ca. 14.000 Euro brutto für meinen Vater und mich. Damit erreicht er seinen Freibetrag von 2600 Euro und ich könnte den Großteil vom Kredit begleichen. Okay, 5 Bestellungen haben wir, minus 7000, bleiben noch 6995. Mittlerweile sagten schon mehr Leute, sie möchten ein Buch haben. Trotzdem: Spinne ich?

Die Neurologin meinte, wir können Vorträge geben (zum Thema Demenz zum Beispiel), ich könne Beiträge dem *stern* und der *ZEIT* anbieten und sie könne mich schon in einer NDR-Talkshow sehen. So 'was in der Art haben auch andere gesagt.

Laura mag die Idee, dass mein Vater und ich eine Lesung mit dem Verkauf von Büchern in dem Seniorenheim anbieten. Ich könnte aus unserem Buch vorlesen, wir könnten Fotos auf einem Bildschirm zeigen, wir könnten Fragen beantworten und mein Vater könnte – buchstäblich mit links (die rechte Seite ist ja gehandicapt) – Exemplare signieren.

Eine Freundin hat einen gemütlichen Laden im Ort und bot an, dass wir dort eine Lesung machen.

Eine andere Freundin sagte, mein Vater und ich könnten in Schulen im Gemeinschaftsunterricht von unserem Projekt erzählen. Sie meinte, der Text sei wissenschaftlich. Ich hatte bei Universitäten nachgefragt, ob man mit dieser Biografiearbeit unter der Aufsicht von Professoren/Doktoren promovieren könnte. Leider Absagen. Eine Professorin rief mich zurück und sagte, ich solle den Freiraum ohne wissenschaftliche Grenzen genießen. Die Freundin meinte, der Text könne auch für Historiker interessant sein. Ihr Mann ist einer. Die Idee von Bildbänden (wie unser Fotobuch über die weltweite Seefahrt meines Vaters: *Meine zarten Nerven*[521]) kam wieder auf.

Eine weitere Freundin und ich machten bei einem Literaturwettbewerb mit. Ich schickte dafür nach Absprache mit meinem Vater unsere ersten drei Kapitel an den Lions Club in Hamburg. In einer Feedbackrunde meinte sie, man könnte das Buch in Demenzgruppen und vielleicht Kurse beim DRK oder bei der VHS anbieten.

Meine Mutter sieht die Möglichkeit, ein Biografie-Programm für Seniorenheime anzubieten. Sie stellt sich vor, „dass Du da referierst, das Buch vorstellst, es einen Vortragsnachmittag gibt, zu dem Angehörige eingeladen werden. Sie können das Buch kaufen und Biografiearbeit mit Dir machen. Demenz ist ja jetzt auf dem Tisch. Leu-

Prost Kaffee: Kindheit

te werden im Heim oder zu Hause gepflegt. Ihr zeigt, dass man so 'was machen kann – auch dass man dabei neue Werte finden kann. Ihr könnt Biografiearbeit empfehlen."[522] Außerdem, meinte sie, sei unser Buch interessant „für alle, die eine Biografie schreiben".[523]

Ich werde ein Exemplar an Prof. Dr. M.A. Ralph Schmidt von der HAW Hamburg schicken, der mich während des Studiums gefragt hatte: „Frau Görnitz, haben Sie fünf Minuten Zeit? Es geht um Ihre Zukunft und um Ihre Karriere". So kamen die Stipendien, die es mir ermöglichten, mich auf mein Studium zu konzentrieren und die Semester in Australien und Recherchen in Japan zu machen.

Soziale Medien

Seit September 2014 gestalte ich eine Facebook-Seite, die Einblicke in die Lebensgeschichte meines Vaters und in unseren Alltag gibt – samt Fortschritt mit der Biografiearbeit. Ab und zu teile ich Posts davon auf meiner Facebook-Seite. Einige Male schrieb ich etwas über Altenpflege oder Betreuung auf Twitter und postete es mit Hashtag an den Bundesgesundheitsminister Hermann Gröhe. Meine Tweets erscheinen dann automatisch auf meiner Facebook-Seite. Zur Zeit des Schreibens dieses Textes (10.8.2016) habe ich 80 Follower auf Twitter... Nun, Dabeisein ist alles.

Medien

Mein Vater mag etwas Medienrummel. Zum Beispiel ging er 2009 (also mit 70) zur Redaktion der *Brunsbütteler Zeitung* und sagte am Empfang: „Ich wohne im Altenheim und habe ein Krokodil in meinem Zimmer. Sind Sie interessiert?" Die schöne Geschichte erschien mit Foto von ihm samt Tier unter dem Titel „‚Kroko-Alarm' an der Braake".[524]

Als nächstes schrieb Jochen Scheer von derselben Zeitung einen bunten Beitrag („Festgemacht") über meinen Vater und mich.[525] Und dieses Jahr (2016) verfasste Marc Thaden von der *Dithmarscher Landeszeitung* einen 1A-Artikel über unser Projekt: „Auf der Suche nach der Vergangenheit".[526]

Ich schrieb eine Nachricht an Bettina Tietjen, der ich – wie vermutlich viele, viele andere auch – mitgeteilte, dass mir ihr Hörbuch *Unter Tränen gelacht: Mein Vater, die Demenz und ich* sehr gut gefallen habe. Vorgestern schickte ich ihr unser Vorwort mit der Sommerlüftchen-Hoffnung, interviewt zu werden.

Ich schickte der Redaktion vom *ARD-Morgenmagazin* eine Email für ihr Sommerinterview. Mein Vater und ich könnten darin etwas über dieses Buch und/oder zum Thema Betreuer sagen.

Was die weitere Werbung betrifft: Hier auf dem Land höre ich, wie Hühner gackern, wenn sie ein Ei gelegt haben. So geht PR!

Weiterbildung

Ich besuche Buchmessen und liebe Literaturfestivals, weil man da den Status Quo sieht und neue Trends erkennen kann. Ich mache journalistische Seminaren/Webinare mit, um an meinen Fähigkeiten zu feilen. In Sydney ging ich gern zu den dort üblichen Schreibgruppen. Außerdem nehme ich seit Jahren an Selbsthilfegruppen teil, wo man unter Gleichgesinnten ist und Weisheiten hört.

***

Die Arbeit an diesem Buch erinnert mich ein bisschen an meine Diplomarbeit.

Nachwort

Was bedeutet es für mich, ein besserer Mensch zu werden? In meiner Entwicklung bemerkte ich einige „Bojen", die ins gesunde Fahrwasser des Lebens führen. Hier meine kleine Sammlung von Leuchtbojen.
Expressives und tiefgehendes Tagebuch-Schreiben tue gut, damit könne man Sokrates' Katharsis erreichen – sich also vom Übel befreien. Das hörte ich im Audiobuch *Einfach mal die Klappe halten* von Cornelia Topf.[527] Ja, ich finde es sehr befreiend, so Tagebuch zu schreiben.
David Sheffs Sohn Nic war von harten Drogen abhängig. Der Vater schrieb erst einen Artikel („My Addicted Son") für das *New York Times Magazine* und dann ein Buch (*Beautiful Boy*). Er bot – nach Absprache mit seiner Familie – seine Geschichte zur Veröffentlichung an, weil er gespürt hat, wie es ihm selbst geholfen hatte, die Memoiren von anderen in solchen Situationen zu lesen. Er wollte sein Leid teilen. Der Vater fand, dass es Ordnung in das Chaos brachte, wenn er wilde Worte in Sätzen strukturierte, diese in Absätze, und diese dann in Kapitel.[528] Er schrieb auch, dass ihn das Artikel- bzw. Buchschreiben nicht heilen konnte, ihm aber geholfen habe.[529] Wegen des Vaters bekam der Sohn das Angebot, seine Memoiren zu schreiben, die 2008 als *Tweak: The Horror of Addiction... The Miracle of Survival* erschienen.
Vermutlich ist es das angenehme Gefühl von Kontrolle, Berechenbarkeit und auch Macht, wenn man schreibt, denn dabei beherrscht man den Text. Auch wenn man mehr

Klarheit bekommt, fühlt man sich stärker. Nach viel „Theater" im Leben tut dies gut.
Wer einen Text für sich behält, hat dann vermutlich die „*ultimative Macht*" (siehe: Tagebuch). Wozu also veröffentlichen? Für die Finanzen, um den nächsten Band zu schreiben. Und zum Inspirieren: Ja, eigentlich weniger das Leid teilen, sondern eher die Freude an der Biografiearbeit. Es wäre doch toll, wenn mehr Leute die Lebensgeschichten ihrer Lieben dokumentieren würden, oder?
Allerdings erinnert einen der Ratgeber *Trauma: Folgen erkennen, überwinden und an ihnen wachsen* – der seitenweise prima Tipps zur Aufarbeitung bietet – auch daran: Man solle sich nicht im Gestern verlieren, sondern vor allem im Heute leben.[530] Oder wie eine Frau jemanden bei der International Women's Conference 2014 in Honolulu zitierte: *When you look at the past, don't stare at it!* Wenn Du Dir die Vergangenheit ansiehst, starr sie nicht an! Ich denke: Man kann das Heute auch sehr gut genießen, wenn dabei die Themeninhalte über das Gestern sind.
Im *Psychologie Heute compact*-Heft von 2010 über die Kindheit werden eine alte und eine neue Therapieform genannt:
1. das typische Erinnern, Formulieren und Durcharbeiten (die „Redekur")[531] und
2. die „*interactive repair*" (zu Deutsch: interaktive Reparatur), wobei der/die Patient/in im Gespräch mit dem/r Psychologen/in durch eine zwischenmenschliche Bindung lernt, eigene Affekte, wie zum Beispiel Traurigkeit, zu steuern.[532]

Ich denke, das ist genau das, was mein Vater und ich im letzten Jahr zusammen erlebt haben:
Durch die Biografiearbeit – inhaltlich – machen wir die „Redekur", was uns beiden gut tut.

Und durch die positiven Bindungserfahrungen im Seniorenheim – unter uns und mit anderen - verbessern sich unsere Gefühlswelten.[533] Menschen in diesem sicheren Umfeld sind liebevoll, empathisch und sensibel. Sie lehren einem indirekt, auch so zu sein.

Die Stimmung in Burg (Dithmarschen) – einem Luftkurort am Nord-Ostseekanal mit einem Wald und einem Friedhof, der einen Wall drumherum hat – ist ähnlich. Hier gilt zeitweise das Problem, dass Rehe Rosenknospen im Garten fressen. Unbehandelte Kuhmilch gibt's in Pfandflaschen an Milchtankstellen, und vom Nachbarn hört man manchmal das lustige Klappern der Hufe seiner beiden Pferde. Insgesamt *entschleunige* ich. Da das Gehirn plastisch ist, sich also zeitlebens verändert, lernt es aus den wohltuenden Erlebnissen; Heilung findet statt, und so habe ich das Gefühl, ein besserer Mensch zu werden.

Die Frage nach dem *Warum? – Warum* hat mein Vater/warum habe ich so viel getrunken? Susanne Eberst nennt in ihrem *Durst*-Buch diese „Suchneurose", die früher oder später kommt, wobei man „manisch" das *Warum?* erklären will.[534] Dabei scheint es gerade auf diese Frage keine Antwort zu geben. Wäre eine bessere Frage: Wie kann man aufhören, wenn man merkt, es gefällt einem so gut?

Im sogenannten „Big Book" oder „Blauem Buch" von Alcoholics Anonymous bzw. den Anonymen Alkoholikern heißt es: Alkohol ist *„cunning, baffling, powerful"*, also „verschlagen, trügerisch, mächtig".[535] An diese Worte erinnere ich mich ganz gern in einigen Situationen. Ich denke, meine Eltern hatten den Alkoholismus gründlich unterschätzt. Ich versuche, aus ihren und meinen Fehlern zu lernen.

Dr. Elisabeth Kübler-Ross interviewte in den 1960er Jahren für ihr Buch *On Death & Dying: What the Dying Have to Teach Doctors, Nurses, Clergy & Their Own Families* (direkt übersetzt: Über Tod und Sterben: Was Sterbende Ärzten, Krankenschwestern, dem Klerus & ihren eigenen Familien lehren können) viele sterbende Menschen, um herauszufinden, was für sie besser gemacht werden könnte.

Dabei bemerkte sie, dass Sterbende einen Tag gern über ihre Philosophie von Leben und Tod sprechen möchten, am nächsten Tag aber nicht mehr. Sie sagt, selbst wenn dann 50 Studierende für ihr Projekt parat stehen, dürfe das Drängen mit Fragen und nach Antworten nie vorkommen. Der/die Patient/in und seine/ihre Wünsche gehen immer vor.[536] Das gilt meiner Meinung nach auch für die Biografiearbeit.

Nach den Erkenntnissen von Bronnie Ware in ihrem Buch *5 Dinge, die Sterbende am meisten bereuen* könnte man, statt sich später Vorwürfe zu machen, lieber jetzt:

- sich selbst treu sein,
- sich erlauben, glücklich zu sein,
- Gefühle ausdrücken,
- Freundschaften aufrecht erhalten,
- weniger hart {entfremdet?} arbeiten.[537]

Jahrzehntelang war es mein Wunsch, mal ein Jahr mit/bei meinem Vater zu verbringen. Das habe ich jetzt getan. Ich möchte gern mehr davon. Vor einigen Jahren bekam ich die doppelte Staatsbürgerschaft (Aussie und Deutsche). Jetzt verlagere meinen Lebensmittelpunkt von Sydney (4,9 Mio. Einwohner[538]) wieder zurück nach Deutschland, nach Burg (4266 Einwohner[539]). Juni 2016 bin ich die ehrenamtliche Betreuerin meines Vaters geworden. „Das is' *auch* wieder 'ne Geschichte für sich...", sagt mein Vater dazu.

Prost Kaffee: Kindheit

Was den finanziellen Erfolg mit diesem Buch betrifft, kann man Rolf Dobellis *Die Kunst des klugen Handels* bedenken, wenn er warnt, dass man schnell von den eigenen Ideen „betrunken" ist und man im Rückblick prüfen sollte, wie gut die eigenen Ideen denn wirklich waren.[540]
Obwohl ich *Money Drunk, Money Sober* von Julia Cameron und Mark Bryan gelesen habe, gibt es noch viel zu lernen, was eine realistische Finanzplanung betrifft.

Dies ist mein Traum: Tausende Menschen kaufen dieses Buch und empfehlen es weiter, womit unser Buch-Budget wiederbelebt wird und mein Vater und ich uns gleich auf Band 2 (seine Jugend) konzentrieren können. Wie kann man diesen Traum verwirklichen? *Over to you.*

***

Für Spenden
Sonja Görnitz, Hamburger Sparkasse
BIC: HASPDEHHXXX, Kontonummer: 1353 5226 40
IBAN: DE36 200 50 550 1353 5226 40
Stichwort: *„Prost Kaffee"*

***

Daniela bricht die große Abendtablette durch.
Danke schön!

Quellen und mehr

[1] Joachim und Sonja, 17.7.2016
[2] 7. Januar 1939: Joachim geboren
[3] Joachims Reisepass
[4] Joachim (ohne Datum, ca. Mai 2016)
[5] Zitat von meinem Vaters in einem medizinischen Gutachten für das Amtsgericht Meldorf (S. 3), 14.11.2012
[6] Hildegard (ohne Datum)
[7] Seine Geburtsregister-Nummer lautet 13. (Standesamt Berlin-Tegel, Geburtsschein von Joachim E. Görnitz, 9.1.1937)
[8] Joachim, Video (MVI_4428.MOV), 31.12.2011
[9] 4. September 1933: Hildegard geboren (Jungfrau, 2. Dekade)
[10] 26. Juni 1930: Otto geboren (Krebs, 1. Dekade)
[11] Preußisches Standesamt Berlin Charlottenburg, Geburtsschein von Otto Paul Friedrich Görnitz, 28.6.1930 und von Hildegard Margareta Erna Görnitz, 5.9.1933
[12] Preuß. Standesamt Berlin Charlottenburg, Geburtsschein von Otto Paul Friedrich Görnitz, 28.6.1930
[13] Preuß. Standesamt Berlin Charlottenburg, Geburtsschein von Hildegard Margareta Erna Görnitz, 5.9.1933
[14] Wikipedia, „Joachim (Vorname)", 28.5.2016
[15] Joachim (ohne Datum)
[16] Evangelisches Pfarramt, Siersleben, Geburtsurkunde von Gotthilf Gottlieb Görnitz, 9.7.1934
[17] Joachim, Stammbaum, 1996
[18] Getauft am 29. März 1908 in der Kirche in Berlin-Charlottenburg (Gebühren: 5 Mark). Derzeit wohnten die Eltern Schulze in der Wilmersdorfer Straße Nr. 125 (Trinitatis-Kirche, Taufschein für Irmgard Schulze, 19.3.1908)
[19] Kirchenbuch
[20] Standesamt Berlin-Wannsee, Heiratsurkunde (S. 1), 4.12.1929
[21] Kirchenbuch
[22] Kirchenbuch
[23] Standesamt Berlin-Wannsee, Heiratsurkunde (S. 2), 4.12.1929
[24] Standesamt Berlin-Wannsee, Heiratsurkunde (S. 2), 4.12.1929
[25] Standesamt Berlin-Wannsee, Heiratsurkunde (S. 2), 4.12.1929
[26] Speiseplan vom Tag der kirchlichen Trauung
[27] Joachim, Video (MVI_4398.MOV), 31.12.2011
[28] Joachim, Video (MVI_4398.MOV), 31.12.2011
[29] Standesamt Erfurt, Sterbeurkunde: Otto Görnitz, 16.12.1943
[30] Google Maps/Directions, 7.8.2016

Prost Kaffee: Kindheit

[31] Honig, Ernst Hugo, Stammbaum (ehem. DDR), S. 1
[32] Google Maps/Directions, 13.8.2016
[33] Die römische Eins bedeutet wohl, die Wohnung war im ersten Stock.
[34] Höhere Technische Staatslehranstalt für Hoch- und Tiefbau, Beglaubigte Abschrift aus dem Familien-Stammbuch der Familie Otto Görnitz (S. 6 u. 7), Erfurt, 8.5.1934
[35] Joachim, Stammbaum (IMG_2739.JPG), 30.11.1995
[36] Joachim, Video (MVI_4401.MOV), 31.12.2011
[37] Notar, Erbteilskaufvertrag, 5.7.1996
[38] Joachim, Video (MVI_4401.MOV), 31.12.2011
[39] Karte von OpenStreetMap & Contributors, 18.8.2016
[40] Wikipedia, „Bewag (Berlin)", 29.5.2016
[41] Wikipedia, „AEG", 29.5.2016
[42] Hildegard, Brief, Dez. 2001
[43] Städtische Oberrealschule zu Erfurt, Abgangs-Zeugnis, 30.9.1919
[44] Städtische Oberrealschule zu Erfurt, Zeugnis, 12.4.1919
[45] R. Wolf Aktiengesellschaft (Abteilung Lokomotivfabrik Hagans), Zeugnis, 30.9.1920
[46] Allgemeine Elektricitäts-Gesellschaft (Installations-Büro Erfurt), Zeugnis, 31.10.1921
[47] Semestral-Zeugnis, jeweils vom WS 1921/22 und SS 1922
[48] Allgemeine Elektricitäts-Gesellschaft (Installations-Büro Erfurt), Zeugnis, 30.10.1922
[49] Für das SS 1923 und das WS 1923/24 liegen uns leider keine Zeugnisse vor.
[50] Semestral-Zeugnis, WS 1922/23
[51] Polytechnisches Institut zu Arnstadt (Abteilung für Elektro-Ingenieure), Prüfungszeugnis/Urkunde, 9.4.1924
[52] Allgemeine Elektricitäts-Gesellschaft, Abgangs-Zeugnis, 31.7.1925
[53] Bergmann-Elektricitäts-Werke, Zeugnis, 30.6.1926
[54] Otto Görnitz, Bewerbung, 15.4.1926; Quittung der Tanzschule, 10.1.1927
[55] Otto Görnitz, Bewerbung, 17.6.1925
[56] Otto Görnitz, Brief, 19.5.1927
[57] Otto Görnitz, Bewerbung, 31.1.1927
[58] Otto Görnitz, Bewerbung, 17.2.1927
[59] Otto Görnitz, Bewerbung, 10.3.1927
[60] Otto Görnitz, Brief, 19.5.1927
[61] So eine Art berufliche Unzufriedenheit und lauter Bewerbungsschreiben scheinen sich durch die Generationen zu ziehen. Dazu mehr später.
[62] Wikipedia, „Reichsmark", 16.7.2016
[63] Berliner Städtische Gaswerke, Elektrizitätswerke und Wasserwerke (et al.), „Tarifvertrag" (Anhang II: „Zusammenstellung der Gehälter ab 1. Oktober 1927")

64 Berliner Städtische Gaswerke, Elektrizitätswerke und Wasserwerke (et al.), „Tarifvertrag" (Anhang II: „Zusammenstellung der Gehälter ab 1. Oktober 1927")
65 Berliner Städtische Gaswerke, Elektrizitätswerke und Wasserwerke (et al.), „Tarifvertrag", S. 9
66 Ich stolpere darüber, dass mein Opa nicht seinen Leistungen entsprechend beschäftigt und bezahlt wurde. Das trifft einen Nerv, weil dies auch bei meinem Vater und bei mir so war.
67 Otto Görnitz, Bewerbung, 6.3.1928 (Abschrift: s. Anhang)
68 Städtische Knaben-Mittelschule zu Eisleben, Abgangszeugnis, 26.9.1911
69 Städtische Oberrealschule zu Erfurt, Abgangs-Zeugnis, 30.9.1919
70 Allgemeine Elektricitäts-Gesellschaft Installations-Büro Erfurt, Zeugnis, 31.10.1921
71 Bergmann-Elektricitäts-Werke, Zeugnis, 30.6.1926
72 Siehe YouTube, 18.7.2016
73 Festschrift zur Silberhochzeit von „Oma und Opa Wannsee", 14. Juni 1927
74 Festschrift zur Silberhochzeit von „Oma und Opa Wannsee", 14. Juni 1927
75 YouTube, Facebook, 18.7.2016 (Bitte „The Real ‚Black Bottom' Dance (1927)" auf YouTube ansehen. ☺)
76 Siehe Webseite vom Berliner Ruder-Club (BRC)
77 Joachim, 7.4.2016
78 Joachim, 19.5.2016
79 Joachim, 19.5.2016
80 Google Maps, 19.5.2016, Karte von OpenStreetMap & Contributors, 7.8.2016; Wiki, „Griebnitzkanal", 17.8.2016
81 Gesehen bei Google Maps, Earth View, 17.8.2016
82 Joachim, 14.8.2016
83 Ich emailte Berliner Forsten (16.7.2016). Sie haben das Haus 2014 an die Berliner Immobilienmanagement GmbH (BIM) verkauft und leider keine Unterlagen mehr von der Zeit vor 1954. (Berliner Forsten, Emails vom 18.7.2016 und 4.8.2016) BIM hat noch nicht geantwortet.
84 Handschrift auf der Rückseite vom Foto
85 Karte von OpenStreetMap & Contributors, 7.8.2016
86 Joachim, 19.5.2016
87 Siehe: Webseite vom Golf- und Land-Club Berlin-Wannsee e.V., 6.6.2016
88 Joachim, 21.5.2016
89 Joachim, Video (MVI_4407.MOV), 31.12.2011
90 Mitte 2016 hat er die Geschichte ähnlich erzählt: „Knippelkunze, der war da in der Partei drin, bei Hitler. Da gibt's auch so 'ne Geschichte... Wenn die Kinder nicht pünktlich zum Mittagessen kamen, sondern paar Minuten später, gab's Prügel mit 'nem Knüppel – für die Frau gleich mit. Er trug eine Nazi-Uniform." (Joachim, 19.5.2016)

[91] Joachim, Video (MVI_4428.MOV), 31.12.2011
[92] Joachim, Video (MVI_4428.MOV), 31.12.2011
[93] Wiki, 18.7.2016
[94] Joachim, Video (MVI_4428.MOV), 31.12.2011
[95] Wikipedia, „Zweiter Weltkrieg", 19.5.2016
[96] Joachim, 21.5.2016
[97] Wikipedia, „Steinbergpark", 19.5.2016
[98] Joachim (ohne Datum, Mitte 2016)
[99] Joachim, 22.5.2016
[100] „Ja, ja, das stimmt." (Joachim, 22.5.2016)
[101] Hildegard, Brief, Dez. 2001
[102] Joachim, 7.4.2016
[103] Joachim, 22.5.2016
[104] Joachim, 22.5.2016
[105] Joachim, 22.5.2016
[106] Joachim, 22.5.2016
[107] Das Foto zeigt März, Diddi schreibt April 1940.
[108] Hildegard, Brief, Dez. 2001
[109] Joachim (14.6.2016)
[110] Wikipedia, „Reichsmark", 16.7.2016
[111] Höchste Gehaltsgruppe im technischen Bereich
[112] BEWAG, *Gehaltsordnung*, S. 7 und 8
[113] BEWAG, *Gehaltsordnung*, S. 8
[114] BEWAG, *Gehaltsordnung*, S. 9
[115] BEWAG, *Betriebsordnung* (1939), S. 16
[116] BEWAG, *Betriebsordnung* (1939), S. 18–19; Berliner Städtische Gaswerke, Elektrizitätswerke und Wasserwerke, „Tarifvertrag" (1928), S. 4 (§10.)
[117] BEWAG, *Sozialbericht* (1939), S. 7; BEWAG, *Betriebsordnung* (1939), S. 27; Gas-, Elektrizitäts- und Wasserwerke, „Tarifvertrag" (1928), S. 4 (§10.)
[118] Berliner Städtische Gaswerke, Elektrizitätswerke und Wasserwerke (et al.), „Tarifvertrag" (1928), S. 4 (§12.), BEWAG, *Betriebsordnung* (1939), S. 22
[119] Burkert, *Machtergreifung*, S. 160; BEWAG, *Im Licht der Zeit*, S. 62
[120] Burkert, *Machtergreifung*, S. 160
[121] SED, *Unsere Kraft*, S. 57
[122] SED, *Unsere Kraft*, S. 57
[123] Burkert, *Machtergreifung*, S. 160; BEWAG, *Im Licht der Zeit*, S. 63
[124] BEWAG, *Im Licht der Zeit*, S. 66
[125] BEWAG, *Sozialbericht* (1939), S. 5
[126] BEWAG, *Im Licht der Zeit*, S. 63–64
[127] Burkert, *Machtergreifung*, S. 159
[128] Burkert, *Machtergreifung*, S. 161
[129] BEWAG, *Im Licht der Zeit*, S. 62

[130] Burkert, *Machtergreifung*, S. 163–164
[131] BEWAG, *Im Licht der Zeit*, S. 64
[132] Burkert, *Machtergreifung*, S. 164
[133] Otto Görnitz' Gesuche um Höhergruppierung: Brief an die Betriebsdirektion der BEWAG, 28.11.1934; Brief an den Vertrauensrat der BEWAG, 5.11.1935
[134] Der Polizei-Präsident (i.A.), beglaubigte Abschrift, 19.7.1934
[135] Der Polizei-Präsident (i.A.), beglaubigte Abschrift, 19.7.1934
[136] Ingenieurdienst e.V. (in der Hermann-Göring-Straße 27 in Berlin NW 7), Bescheinigung, ohne Datum
[137] Wikipedia, „Tag der nationalen Arbeit", 9.7.2016
[138] BEWAG, *Sozialbericht* (1939), S. 12
[139] Burkert, *Machtergreifung*, S. 164
[140] Burkert, *Machtergreifung*, S. 163
[141] SED, *Unsere Kraft*, S. 58
[142] BEWAG, *Sozialbericht* (1939), S. 5
[143] Die Tabelle im *Sozialbericht* von 1939 (S. 10) scheint absichtlich spröde zu sein, damit sie weniger Aufmerksamkeit findet. In Kürze: Die Nazis schmückten sich damit, gut 2000 mehr Leute eingestellt zu haben, also die Arbeitslosigkeit zu senken, aber davon wurden zunehmend – erst mehr als 800, später fast 2000 – Leute für den Wehrdienst, die Partei und ähnliches eingesetzt.
[144] BEWAG, *Sozialbericht* (1939), S. 10
[145] BEWAG, *Sozialbericht* (1939), S. 12
[146] BEWAG, *Bücherverzeichnis*, S. 1, 15, 18, 20, 24, 25 und 30
[147] BEWAG, *Bücherverzeichnis*, S. 19, 17 und 16
[148] BEWAG, *Bücherverzeichnis*, S. 27, 30 und 32
[149] BEWAG, *Im Licht der Zeit*, S. 64
[150] Das BEWAG-Bücherverzeichnis zeigt auch das Buch *Die Alkoholfrage: Eine Gesamtdarstellung* von Georg Klatt. Hätte Otto so ein Buch ausgeliehen? Klatt nennt auf Seite 56 neben dem „chronischen Alkoholismus" als „andere alkoholische Geisteskrankheiten": 1. den *Säuferwahnsinn* (Delirium tremens), 2. den *Alkoholwahnsinn*, 3. die *Korsakowsche Psychose*, 4. die *Alkoholmanie* und 5. die *Alkoholepilepsie*. – Was würden Eltern machen, wenn sie das Schicksal ihrer Kinder vorher kannten?
[151] Jutta Schöffel von der Staatsbibliothek zu Berlin – Preußischer Kulturbesitz – schaute die sechs Bände von „Der Stromkreis" gründlich durch.
[152] BEWAG, „Auf die Plätze! Fertig! LOS!", S. 8
[153] BEWAG, *Im Licht der Zeit*, S. 69–71
[154] Reichspatentamt, Urkunde (Gebrauchsmusterrolle), ca. 12.9.1938
[155] Telefonate mit Evelyn Benke, 19.7.2016 und 25.7.2016
[156] Deutsches Patent- und Markenamt, TIZ Berlin, 27.7.2016
[157] Deutsches Patent- und Markenamt, TIZ Berlin, 27.7.2016
[158] AEG (Patent-Büro, Berlin), Brief, 31.5.1940

Prost Kaffee: Kindheit

159 Wikipedia, „Palmsonntag", 17.8.2016
160 Deutsches Patent- und Markenamt, https://goo.gl/ClK2TX (DRGM 1445969, DE000001445696U), 4.8.2016
161 Deutsches Patent- und Markenamt, https://goo.gl/syA5c5 (DRP 737938, DE000000737938A), 4.8.2016
162 „Ein *Genuss!*" ist auch etwas, was mein Vater gern sagt(e).
163 „Opa und Oma Wannsee", Gemeinschaftliches Testament, 25.5.1940
164 Laut Reklame im Ladenfenster in der Uhlandstraße 104–105 (Foto)
165 Postkarte vom Laden
166 Postkarte vom Laden
167 Bezirksamt Zehlendorf von Berlin, Fax an Joachim Görnitz, 15.12.1983
168 Bezirksamt Zehlendorf von Berlin, Fax an Joachim Görnitz, 15.12.1983
169 „Opa Wannsee" wurde am 20. September 1874 in Weißenfels geboren. (Standesamt Potsdam, Sterbeurkunde: Karl Gustav Paul Schulze, 11.7.1996)
170 Gesehen in: Schmidt, *Die BEWAG-Transaktion im Jahre 1931*, S. 66
171 Joachim, 22.5.2016
172 Joachim, 22.5.2016
173 Google Maps/Directions, 22.5.2016
174 Joachim, 22.5.2016
175 Festschrift zur Silberhochzeit von „Oma und Opa Wannsee", 14. Juni 1927
176 Festschrift zur Silberhochzeit von „Oma und Opa Wannsee", 14. Juni 1927
177 Joachim, 22.5.2016
178 "Opa Wannsees" Schild
179 Joachim (ohne Datum)
180 YouTube, 20.7.2016
181 Google Maps, 20.7.2016
182 Ahnen-Tourismus: Ich habe Lust, mir die Orte, an denen meine Vorfahren waren (oder die im Kontext genannt werden), anzusehen.
183 Handschrift auf der Rückseite vom Foto
184 Festschrift zur Silberhochzeit von „Oma und Opa Wannsee", 14. Juni 1927
185 Sonja, Tagebuch, 8.1.2003
186 Joachim, Video (MVI_4428.MOV), 31.12.2011
187 Joachim, Video (2011-12, HH, Brunsbüttel 059), 2.1.2012 – Vermutlich bezieht sich mein Vater hier auf circa 1943, als er 4–4 ½ Jahre alt war. In einem anderen Kontext sagte er: „In Tegel als Kleinkind als Vierjähriger". (Joachim, Video (2011-12, HH, Brunsbüttel 059), 2.1.2012)
188 Joachim, Video (MVI_4428.MOV), 31.12.2011
189 Wikipedia, „Hitlerjugend", 29.5.2016
190 Wikipedia, „Bund Deutscher Mädel", 29.5.2016
191 Joachim, Video (MVI_4428.MOV), 31.12.2011
192 In den Worten der Nazis (*Betriebsordnung*, Abschnitt 1, Absatz 1):

„Führer und Gefolgschaft der Bewag bilden eine Betriebsgemeinschaft, deren Aufgabe es ist, die Stromversorgung der Reichshauptstadt in mustergültiger Weise durchzuführen und sicherzustellen. Als lebenswichtiger Betrieb steht die Bewag damit an vorderster Stelle im Dienst am allgemeinen Wohl von Volk und Staat." (BEWAG, *Betriebsordnung* (1939), S. 5)
[193] Joachim, Video (MVI_4428.MOV), 31.12.2011
[194] Joachim, 17.7.2016
[195] Joachim, 24.5.2016
[196] Joachim, Video (MVI_4428.MOV), 31.12.2011
[197] Joachim, 24.5.2016
[198] Joachim (vermutlich 10.6.2016)
[199] Festschrift zur Silberhochzeit von „Oma und Opa Wannsee", 14. Juni 1927
[200] Joachim (ohne Datum, Anfang/Mitte 2016)
[201] Joachim (ohne Datum, Mitte 2016)
[202] Joachim (ohne Datum)
[203] Joachim, 14.8.2016
[204] Irmgard Görnitz' Sterbeurkunde
[205] Joachim, 24.5.2016
[206] Joachim, Video (MVI_4428.MOV), 31.12.2011
[207] Joachim, 24.5.2016
[208] Von der Sucht meines Vaters bin ich's von früher gewohnt, Sachen x-mal zu hören, und dann noch einmal. Eins der Lieblingsworte meines Vaters über die Jahrzehnte war: *„Nochmal!"*. Und dieser Tage besteht eine Art Demenz.
[209] Joachim (ohne Datum, Mitte 2016)
[210] Wilhelm, Liste (Verliehene Kriegsorden)
[211] Wilhelm, Liste (Verliehene Kriegsorden)
[212] Joachim: „Ob Willi das so recht ist, weiß ich nicht. Das ist eine heikle Sache." (14.8.2016)
[213] Joachim, 24.5.2016
[214] Joachim, 24.5.2016
[215] Wikipedia, „Pearl Harbor", 2.6.2016
[216] Joachim, Video (MVI_4400.MOV), 31.12.2011
[217] Joachim, Video (MVI_4398.MOV), 31.12.2011
[218] Vor kurzem sagte Joachim: „mit verpinkelter Hose". (Mitte 2016)
[219] Joachim und Sonja, 17.6.2016
[220] Joachim, Video (MVI_4399.MOV), 31.12.2011
[221] Joachim erzählte über die Jahre mehrmals von dem Zucker-Ei, zum Beispiel: „Immer wenn ich nach Wannsee kam, dann machte die Mutter von meiner Mutter Zucker-Ei: normales rohes Ei, Zucker nach Bedarf und schlägst das mit einem Quirl. Das schmeckt. Wie Saft, so etwa. Kannst Du löffeln, ist mehr Zucker als Ei. Ich weiß nicht, wie oft wir kamen." (Joachim, ohne Datum)
[222] Siehe Webseite vom Standbad Lübars, 14.5.2016

Prost Kaffee: Kindheit

223 Joachim, Video (MVI_4398.MOV), 31.12.2011
224 Joachim (ohne Datum) – „Das weiß ich nicht mehr." (Joachim, 17.7.2016)
225 Joachim, 2.6.2016
226 Schneider, *Großes Lexikon*, S. 879
227 Mit MacFamilyTree 8 gestaltet, 2016
228 Sonja, 17.7.2016
229 Wunsch realisiert: Der relativ neue Hausarzt Gunnar Osterholz lässt das Blut meines Vaters monatlich kontrollieren, was sehr gut ist, u.a. wegen der starken Medikamente, die mein Vater bekommt.
230 Hildegard, Brief, Dez. 2001
231 Wikipedia, „Erwin Rommel", 6.6.2016
232 Schneider, *Großes Lexikon*, S. 713
233 Wikipedia, „Schlacht von Stalingrad", 6.6.2016
234 Schneider, *Großes Lexikon*, S. 780
235 Wikipedia, „Operation Gomorrha", 7.7.2016; Ausstellung, St. Nikolai-Kirche, Hamburg (23.6.2016)
236 SED, *Unsere Kraft*, S. 69
237 Hildegard, Brief, Dez. 2001
238 Joachim, 15.8.2016
239 Katholisches Krankenhaus St. Nepomuk, Ärztliche Bescheinigung: Otto Görnitz, 3.1.1944; Katholisches Krankenhaus St. Nepomuk, Ärztliches Attest: Irmgard Görnitz, 3.1.1944
240 Ich war Jahrzehnte später für meinen Vater wegen der Erbsache an dieser Adresse und machte Fotos. Dazu mehr dann. Etwas die Straße hoch ist das Gutenberg-Gymnasium, wo 2002 ein Amoklauf stattfand. Danach war die Schule für drei Jahre geschlossen. (Wikipedia, „Amoklauf von Erfurt", 13.8.2016)
241 Hildegard, Brief, Dez. 2001
242 Joachim, 30.3.2016
243 Joachim (ohne Datum)
244 Jetzt beim Redigieren denke ich: standesgemäß vielleicht schon – anstandshalber aber eher nicht. (13.8.2016)
245 Joachim, Video (MVI_4401.MOV), 31.12.2011
246 Standesamt Siersleben, Beglaubigte Abschrift aus dem Familienstammbuch der Familie Otto Görnitz, 2.7.1019
247 Joachim, 14.8.2016
248 Sonja, Tagebuch, 8.1.2003
249 Joachim (ohne Datum)
250 Joachim, 5.6.2016
251 Joachim, Video (MVI_4401.MOV), 31.12.2011
252 Joachim, Video (MVI_4401.MOV), 31.12.2011
253 Joachim, 5.6.2016
254 Joachim, Video (2011-12, HH, Brunsbüttel 059), 2.1.2012

255 Sterbeurkunden von Otto und Irmgard Görnitz
256 Joachim (erst mal jeweils ohne Datum)
257 Joachim, 5.6.2016
258 Joachim, Video (MVI_4393.MOV), 31.12.2011
259 Joachim, Video (MVI_4393.MOV), 31.12.2011
260 Joachim (im Interview mit Sonja), Schulaufsatz, April 1988
261 *Pharmazeutische Zeitung online*, „Diphterie: Die vergessene Krankheit", 5.6.2016
262 Hildegard, Brief, Dez. 2001; Joachim, Video (MVI_4420.MOV), 31.12.2011
263 Webseite vom Institut für Reise und Tropenmedizin, 16.8.2016
264 Sonja, Tagebuch, 8.1.2003
265 Joachim (ohne Datum)
266 Joachim, 14.8.2016
267 Joachim (ohne Datum, Mitte 2016)
268 Joachim, 5.6.2016
269 Joachim (ohne Datum, Mitte 2016)
270 Joachim, 5.6.2016 (Joachim am 24.3.2016: „Der Vater, der war auf einmal verschwunden. Die Mutter war auf einmal weg.")
271 Hildegard schrieb „Oktober 1943", aber es sieht so aus, als ob sie stattdessen *November* 1943 meinte, denn am 14. November 1943 kam Irmgard ins Krankenhaus in Erfurt.
272 Hildegard, Brief, Dez. 2001
273 Ein Foto von ca. 1970 weist darauf hin, dass bei Diddi in Berlin ein Wiedertreffen stattfand mit Frau Lincke, Herrn und Frau Thiel und Helga– es könnte naheliegen, dass diese Helga die Cousine von Otto, Diddi und Achim ist, aber dafür sieht die Dame auf dem Foto – pardon – zu alt aus. (Handschrift auf der Rückseite vom Foto: „Frau Lincke, Herr u. Frau Thiel u. Helga, ca. 1970")
274 Sonja, Tagebuch, 8.1.2003
275 Hildegard, Brief, Dez. 2001
276 Katholisches Krankenhaus St. Nepomuk, Ärztliche Bescheinigung: Otto Görnitz (IMG_2830.JPG), 3.1.1944
277 Katholisches Krankenhaus St. Nepomuk, Ärztliche Bescheinigung: Otto Görnitz (IMG_2830.JPG), 3.1.1944
278 Wikipedia, „Phlegmone", 6.6.2016
279 Katholisches Krankenhaus St. Nepomuk, Ärztliche Bescheinigung: Otto Görnitz (IMG_2830.JPG), 3.1.1944
280 Joachim (ohne Datum, Mitte 2016)
281 „Der Ingenieur Otto Gotthilf Friedrich Görnitz, evangelisch" (Sterbeurkunde, 16.12.1943)
282 „Irmgard Charlotte Else Görnitz (geborene Schulze), ohne Beruf, evangelisch" (Sterbeurkunde, 27.12.1943)

Prost Kaffee: Kindheit

[283] Katholisches Krankenhaus St. Nepomuk, Ärztliches Attest: Irmgard Görnitz, 3.1.1944
[284] Hildegard, Brief, Dez. 2001
[285] Standesamt Erfurt, Todesschein: Otto Görnitz, 15.12.1943
[286] Standesamt Erfurt, Todesschein: Irmgard Görnitz, 15.12.1943
[287] Sonja, Tagebuch, 8.1.2003
[288] Joachim (im Interview mit Sonja), Schulaufsatz, April 1988
[289] Sonja und Joachim, 5.6.2016
[290] Katholisches Krankenhaus St. Nepomuk, Ärztliche Bescheinigung: Otto Görnitz, 3.1.1944
[291] Wiki, 6.6.2016
[292] Joachim, 5.6.2016
[293] Reichspatentamt, Bescheinigung, 14.11.1944
[294] Sonja, 17.6.2016
[295] Deutsches Patent- und Markenamt, TIZ Berlin, 27.7.2016
[296] Deutsches Patent- und Markenamt, TIZ Berlin, 27.7.2016
[297] Deutsches Patent- und Markenamt, https://goo.gl/syA5c5 (DRP 737938, DE000000737938A), 4.8.2016; Deutsches Patent- und Markenamt, https://goo.gl/CIK2TX (DRGM 1445969, DE000001445696U), 4.8.2016
[298] Evelyn Benke vom Deutschen Patent- und Markenamt, Emails und Telefonate, 18.7.2016, 21.7.2016, 25.7.2016, 27.7.2016; 19.7.2016 und 25.7.2016
[299] Diddi sagte es mir. Ich weiß nicht mehr, wann es war.
[300] Wikipedia, „Südpark (Erfurt)", 6.6.2016 und 4.8.2016
[301] Joachim, 15.8.2016
[302] Joachim, 10.6.2016
[303] Joachim, Video (MVI_4405.MOV), 31.12.2011
[304] Hildegard, Brief, Dez. 2001
[305] Joachim, 17.7.2016
[306] Sonja, Tagebuch, 8.1.2003
[307] Sonja, Tagebuch, 8.1.2003
[308] Sonja, Tagebuch, 8.1.2003
[309] Hildegard, Brief, Dez. 2001
[310] Evangelisches Pfarramt, „Nichtamtliche Eintragungen" u.a. über Taufpaten, ohne Datum
[311] Später war Diddi meine Taufpatin. – Kommt ein Kapitel über 1972?
[312] Im Stammbaum gibt es bisher keine Tochter (Irmgard/Irme) für Hildegard Honig, nur einen Sohn. Ein neues Rätsel, dass wir versuchen könnten zu lösen.
[313] Hildegard, Brief, Dez. 2001; Joachim, Video (MVI_4420.MOV), 31.12.2011
[314] Hildegard, Brief, Dez. 2001; Video (MVI_4421.MOV), 31.12.2011
[315] Hildegard, Brief, Dez. 2001; Video (MVI_4421.MOV), 31.12.2011
[316] Dorothea Görnitz, Brief (IMG_3003.JPG), ca. Jan. 1976
[317] Helga, Brief an Joachim, 7.10.1972

318 Hildegard, Brief, Dez. 2001; Video (MVI_4421.MOV), 31.12.2011
319 Joachim, 17.7.2016
320 „Ja, genau." (Joachim, 10.6.2016)
321 Joachim, Video (2011-12, HH, Brunsbüttel 059), 2.1.2012
322 Joachim, 10.6.2016
323 Joachim, 10.6.2016
324 Hildegard, Brief, Dez. 2001; Video (MVI_4421.MOV), 31.12.2011
325 Hildegard, Brief, Dez. 2001; Joachim, Video (MVI_4426.MOV), 31.12.2011
326 Wikipedia, „Perleberg", 17.8.2016
327 Hildegard, Brief, Dez. 2001; Video (MVI_4421.MOV), 31.12.2011
328 Hildegard, Brief, Dez. 2001; Joachim, Video (MVI_4422.MOV), 31.12.2011
329 Joachim, 17.7.2016
330 Joachim, 17.7.2016
331 Hildegard, Brief, Dez. 2001; Joachim, Video (MVI_4422.MOV), 31.12.2011
332 Joachim, 17.7.2016
333 Joachim und Sonja, Video (MVI_4394.MOV), 31.12.2011
334 Joachim und Sonja, Video (MVI_4394.MOV), 31.12.2011
335 Joachim formulierte die Erinnerung über die Jahre ähnlich, zum Beispiel: „Der Hunger trieb die Leute so weit, dass sie sogar Speck vom Kadaver eines Pferdes abschnitten, der am Sattel befestigt war. Das Pferd lag auf der Seite und im Sattel saß ein Soldat, dessen Kopf gespalten war und eine Seite ganz fehlte." (Vermutlich vom Aufsatz, April 1988)
Ein anderes Mal erzählte er es mir so: "Aus der Kriegszeit erinnert Joachim sich daran, ein totes Pferd am Straßenrand gesehen zu haben. Ein toter Soldat saß noch in seinem Sattel. Sein Kopf war halb weg. Da war etwas Fleisch an dem Pferd und Leute kamen, um es abzuschneiden." (Joachim, ohne Datum)
336 Joachim, 15.8.2016
337 „Ja, genau." (Joachim, 10.6.2016)
338 Joachim und Sonja, Video (MVI_4395.MOV), 31.12.2011
339 Joachim, 5.6.2016 (Mein Vater hat dies in einigen Anläufen formuliert und ich habe den Text zusammengeschnitten.)
340 Standesamt Potsdam, Sterbeurkunde, Karl Gustav Paul Schulze, 11.7.1996
341 Sonja, Tagebuch, 8.1.2003
342 Sonja, Tagebuch, 8.1.2003
343 Joachim, 17.7.2016
344 Joachim, 10.6.2016
345 Christel, Telefonat, 14.8.2016
346 Hildegard, Brief, Dez. 2001
347 Joachim kann sich ganz schwach an sie erinnern. (Vermutlich 10.6.2016)
348 „Frau Fromm, das weiß ich auch noch. Mensch, wer war denn das?" (Joachim, 15.8.2016)
349 *Soldat oder Fahrer?* – Joachim: „Fahrer" (17.6.2016).

Prost Kaffee: Kindheit

350 Laut Wikipedia gab es in Perleberg (Feldstraße) ein NS-Sammellager. Von dort aus wurden Menschen ins KZ Sachsenhausen gebracht. Wehrmachtstruppen waren in Kasernen in Perleberg stationiert. Es gab einen Militärflugplatz. Die Reichspogromnacht (9.11.1938) fand auch in Perleberg statt. Aus Angst vor den Russen flohen Deutsche 1945 in den Westen, um eher von den Briten oder Amerikanern gefasst zu werden. (Wikipedia, „Perleberg", 17.8.2016) – Mir ist übel geworden. Hatte Onkel Kurt als Militärfahrer etwas mit den Transporten zum KZ zu tun? Mit so etwas hatte ich jetzt (kurz vor dem Formatieren des Buches) nicht mehr gerechnet. Ich will ihn als harmlosen Fahrer sehen.
351 Hildegard, Brief, Dez. 2001
352 Joachim, Video (2011-12, HH, Brunsbüttel 059), 2.1.2012
353 Joachim, 7.7.2016
354 Joachim zehn Tage später: „Dann sagte die Oma, als sie schon am Sterben war: ‚Die drei Kinder, übernehmt die'. Kurz bevor sie starb, musste Kurt versprechen, dass er die Kinder nahm." (Joachim, 17.7.2016)
355 Hildegard, Brief, Dez. 2001
356 Standesamt Berlin-Dahlem, Sterbeurkunde: Anna Helene Emma Schulze (geb. Glaser), 12.12.1944
357 Joachim, 17.7.2016
358 Christel, Telefonat, 14.8.2016
359 Joachim, 10.6.2016
360 Joachim, Video (MVI_4409.MOV), 31.12.2011
361 Standesamt Berlin-Dahlem, Sterbeurkunde: Anna Helene Emma Schulze (geb. Glaser), 12.12.1944
362 Hildegard, Brief, Dez. 2001
363 Joachim, Video (MVI_4426.MOV), 31.12.2011
364 Joachim, 18.7.2016
365 Evangelisches Pfarramt, „Nichtamtliche Eintragungen", ohne Datum
366 Evangelisches Pfarramt, „Nichtamtliche Eintragungen", ohne Datum
367 Joachim, Video (2011-12, HH, Brunsbüttel 059), 2.1.2012
368 Joachim, 20.6.2016
369 Joachim, Video (MVI_4428.MOV), 31.12.2011
370 Joachim, 17.7.2016
371 Joachim, 24.3.2016
372 Joachim, 24.3.2016
373 Joachim (ohne Datum)
374 Hildegard, Brief, Dez. 2001; Joachim, Video (MVI_4425.MOV), 31.12.2011
375 Christel, Telefonat, 14.8.2016
376 Joachim, Video (MVI_4403.MOV), 31.12.2011
377 Christel, Telefonat, 14.8.2016
378 Das Puppenspiel im Fernsehen gab es anscheinend erst ab 1958, aber wir nennen Elfriede in diesem Buch einfach schon früher Fiete.

1939–1945

---

379 „H-hm, genau." (Joachim, 12.6.2016)
380 Christel, Video (MVI_1163.MOV), 14.8.2014
381 Joachim, Video (MVI_4403.MOV), 31.12.2011
382 Christel, Telefonat, 14.8.2016
383 „Genau." (Joachim, 10.6.2016)
384 Joachim, Video (2011-12, HH, Brunsbüttel 059), 2.1.2012
385 „Genau." (Joachim, 10.6.2016)
386 Joachim, Video (2011-12, HH, Brunsbüttel 059), 2.1.2012
387 „Genau." (Joachim, 10.6.2016)
388 „Opa und Oma Wannsee", Gemeinschaftliches Testament, 25.5.1940
389 Joachim (im Interview mit Sonja), Schulaufsatz, April 1988
390 Joachim, Video (MVI_4396.MOV), 31.12.2011
391 15.8.2016
392 Joachim, 14.6.2016
393 SED, *Unsere Kraft*, S. 70
394 Klabunde, *Magda Goebbels*, S. 148
395 Wikipedia, „1945", 14.6.2016
396 SED, *Unsere Kraft*, S. 69
397 Hildegard, Brief, Dez. 2001; Joachim, Video (MVI_4422.MOV), 31.12.2011
398 Hildegard, Brief, Dez. 2001; Joachim, Video (MVI_4422.MOV), 31.12.2011
399 Ich versuche es, die Keller im Stölpchenweg Nr. 43 und Nr. 45 anzusehen. Ich bleibe am Ball. (Stand: 17.8.2016)
400 Joachim und Sonja (12.6.2016)
401 Hildegard, Brief, Dez. 2001; Joachim, Video (MVI_4422.MOV), 31.12.2011
402 Über die Situation in Deutschland 2016 (Flüchtlinge, Rechtsextreme): „Scheißgefährlich. So'n paar Vollidioten laufen da ja noch rum. Die wissen gar nicht, von wat sie sprechen. Vollidioten. Die sind die Ersten, die, wenn wat los ist, den Schwanz einkneifen. Ja, is' so." (Joachim, 15.8.2016)
403 Hildegard, Brief, Dez. 2001; Joachim, Video (MVI_4426.MOV), 31.12.2011
404 Hildegard, Brief, Dez. 2001; Joachim, Video (MVI_4426.MOV), 31.12.2011
405 Joachim, 15.8.2016 (*Schade!* Ich mochte die Geschichte mit den Candis, dass es Zucker regnete.)
406 Hildegard, Brief, Dez. 2001; Joachim, Video (MVI_4422.MOV), 31.12.2011
407 Da waren „junge Leute von der Wehrmacht, die Deutschen, die hauten ja ab; die desertierten sozusagen." (Joachim, 14.6.2016)
Zwei Monate später sprachen wir beim Redigieren noch mal darüber:
Joachim: „Die drei Deutschen spazierten einfach so los."
Gingen weg?
„Ja. Die Deutschen kamen da aus dem Keller raus. Das ist alles eine Geschichte, das ist nicht mehr nachzuvollziehen. 1945, sagt man, hat Hitler schon Selbstmord gemacht. Die Deutschen spazierten in den Wald, desertierten nicht, hauten einfach ab. Der eine spielte noch Klavier. Die drei Deutschen spazierten...

Prost Kaffee: Kindheit

mit'm Gewehr... ich weiß nicht, was sie damit machten. Na, das ist alles zu umständlich. Da muss man ganz in Ruhe nachdenken. Das hat so kein' Sinn. Kein' Sinn, Bärchen." (Joachim, 15.8.2016)
Er stellt noch mal klar: „Ne, die drei {deutschen Soldaten}, die war'n nicht tot. Die Russen, die war'n schon auf der anderen Seite. Von der Wehrmacht, die drei, die spazierten einfach so los. Da sagte man, Hitler war schon tot."
Und er ergänzt: „Da muss man erst mal die Gedanken zusammen sammeln und das dann sagen..." (Joachim, 15.8.2016)

[408] Joachim, 15.8.2016
[409] Sonja, Tagebuch, 8.1.2003
[410] Irokesenschnitt? Wir sehen ein Foto auf Wikipedia an. „Ja, so etwa", sagt Joachim heute. (14.6.2016)
[411] Joachim (ohne Datum)
[412] Vermutlich meinte sie hier Fiete und Emmchen der Käfer, obwohl Fiete 1945 eigentlich noch nicht „alt" war, oder?
[413] Sonja, Gespräch mit Christel (MVI_1179.MOV), 14.8.2014
[414] Hildegard, Brief, Dez. 2001; Joachim, Video (MVI_4424.MOV), 31.12.2011
[415] Joachim, 12.6.2016
[416] Joachim: „Sie hatten keine Heizung, aber zwei Öfen: einen in der Küche und einen mobilen im Wohnzimmer". (Sonja Tagebuch, 8.1.2003)
[417] Sonja, Tagebuch, 8.1.2003
[418] „Genau." (Joachim, 12.6.2016)
[419] Joachim, Video (MVI_4414_1.MOV), 31.12.2011
[420] Joachim, Video (MVI_4414_1.MOV), 31.12.2011
[421] Joachim bestätigt/wiederholt: „Das hörte man." (12.6.2016)
[422] Joachim, 12.6.2016 (Vor einigen Tagen sagte Joachim, es seien lange weiße Unterhosen gewesen. 13.8.2016)
[423] Christel (ohne Datum, vermutlich August 2014)
[424] Er führte dies aus, konnte gut sprechen. Unser Gespräch fast verbatim: Joachim: „Drei Mann hatten den Mann in weißen Kleidern {mitgenommen}: Hemd und Unterhose, also weiß... {weiße Unterwäsche} Drei Mann hatten den Mann in' Wald spaziert, und der erzählte nix, man hörte von ihm nix, vielleicht später, ich weiß es nicht.
Man sagte dann: Einer, der hat sich verkrochen, im Keller, in dem Haus, das stand ja noch und {der} hat sich da verkrochen. Keine Uniform, ganz normal, hat sich verkrochen. Im Heizungskeller.
Und da ham wir noch die Knochen gefunden. Da war das Haus schon abgebrannt. Da wurde er dann gefunden.
Und die drei Soldaten, die Russen, die haben den Falschen genommen. Die dachten, der wär's gewesen. War er aber nicht. Hat sich verkrochen, der war 'n Feigling. *Der* war das. Knippelkunze war das da unten im Keller. Gefunden,

nachher, später. Das Haus war ja nachher platt. Pappi hat das Haus billig gekauft. Und später in dem Haus wurden die zwei Schweine eingeordnet."
Christel sagte {meiner Mutter und meine Mutter mir}, in dem Haus hat's gespukt. Was sagst Du dazu?
„Nein, nein, nein. Das wurde später übernommen. Das Hotel war alles wunderbar. Wurde alles richtig schön gemacht. Die Polizei kam da, ham sie alles ausgebuddelt und schön gemacht. Und Otto hat dann auch mitgearbeitet, ham sie dann Leitungen gelegt und alles schön gemacht, Platten gelegt. Alles schön gemacht, und dann mit Rasen und so. Otto und Pappi haben dann alles schön gemacht. Und ich musste dann den Keller alles wieder sauber machen."
War das unheimlich?
„Ne, viel Arbeit." (Lacht)
„Otto machte dann mit Pappi... machten sie platt, Rasen gelegt und später kam dann 'n Hotel drauf."
(Joachim und Sonja, 15.8.2016)
Man bedenke, wie viele Tote derzeit in Europa lagen.
425 Joachim, 15.8.2016
426 Früher hatte mein Vater den typischen (West-)Berliner Akzent, bis etwa 2014. Da hatte er Anfälle und bekam die Lähmungen. Spätestens seitdem klingt sein Berliner Akzent kaum noch durch.
427 Joachim, 16.8.2016
428 Sonja, Tagebuch, 8.1.2003
429 Hildegard, Brief, Dez. 2001; Joachim, Video (MVI_4422.MOV), 31.12.2011
430 Wikipedia, „Zweiter Weltkrieg", 15.6.2016
431 Hildegard, Brief, Dez. 2001; Joachim, Video (MVI_4422.MOV), 31.12.2011
432 Joachim, Video (MVI_4423.MOV), 31.12.2011
433 Joachim, 14.6.2016
434 Joachim, Video (MVI_4423.MOV), 31.12.2011
435 Joachim, 14.6.2016
436 Joachim, 15.8.2016
437 Joachim (ohne Datum)
438 Sonja, Tagebuch, 8.1.2003
439 Joachim, 14.6.2016
440 Sonja, Tagebuch, 8.1.2003
441 Hildegard, Brief, Dez. 2001; Joachim, Video (MVI_4422.MOV), 31.12.2011
442 Joachim, Video (MVI_4423.MOV), 31.12.2011
443 Joachim, 12.6.2016 und 14.6.2016
444 Joachim, 12.6.2016
445 Joachim, 14.6.2016
446 Hildegard, Brief, Dez. 2001; Joachim, Video (MVI_4422.MOV), 31.12.2011
447 Hildegard, Brief, Dez. 2001; Joachim, Video (MVI_4422.MOV), 31.12.2011
448 Joachim, Video (MVI_4423.MOV), 31.12.2011

Prost Kaffee: Kindheit

---

449 Hildegard, Brief, Dez. 2001; Joachim, Video (MVI_4423.MOV), 31.12.2011
450 Hildegard, Brief, Dez. 2001; Video (MVI_4423.MOV), 31.12.2011
451 Joachim (im Interview mit Sonja), Schulaufsatz, April 1988
452 Joachim: „Kann ich mich nicht dran erinnern." (Joachim, Video (MVI_4397.MOV), 31.12.2011)
453 Joachim (im Interview mit Sonja), Schulaufsatz, April 1988
454 Joachim, 14.6.2016
455 Joachim, 12.6.2016
456 Joachim (im Interview mit Sonja), Schulaufsatz, April 1988
457 Joachim (im Interview mit Sonja), Schulaufsatz, April 1988
458 Joachim: „Und es war noch heiß". (14.6.2016)
459 Joachim, Video (MVI_4424.MOV), 31.12.2011
460 Joachim, Video (MVI_4407.MOV), 31.12.2011
461 Joachim (im Interview mit Sonja), Schulaufsatz, April 1988
462 Sonja, Tagebuch, 8.1.2003
463 Wikipedia, „*Gossudarstwennoje polititscheskoje uprawlenije*", 15.6.2016 Vereinigte staatliche politische Verwaltung; russische Geheimpolizei
464 Hildegard, Brief, Dez. 2001
465 Joachim, 15.8.2016
466 Joachim, Video (MVI_4407.MOV), 31.12.2011
Heute: „Das ging da Tag und Nacht. Tag und Nacht. Der Gesang." (Singt die Melodie) „Tag und Nacht. Tag und Nacht. Ja." (Joachim, 15.8.2016)
467 Joachim, Video (MVI_4407.MOV), 31.12.2011
468 Joachim, Video (MVI_4405.MOV), 31.12.2011; Joachim, Video (MVI_4424.MOV), 31.12.2011
469 Joachim, Video (MVI_4407.MOV), 31.12.2011
470 Joachim (im Interview mit Sonja), Schulaufsatz, April 1988
471 Joachim (im Interview mit Sonja), Schulaufsatz, April 1988
472 Sonja, Tagebuch, 8.1.2003
473 Joachim und Sonja, Video (MVI_4423.MOV), 31.12.2011
474 Sonja, Tagebuch, 8.1.2003
475 Joachim, 14.6.2016
476 Joachim, 22.5.2016
477 Webseite vom Golfclub in Wannsee, 6.6.2016
478 Ärztliches Gutachten, 15.10.1945
479 Joachim, Fragebogen zur ärztl. Untersuchung (IMG_5979.JPG), 3.10.1989
480 Joachim, Fragebogen zur ärztl. Untersuchung (IMG_5979.JPG), 3.10.1989
481 Joachim, Video (MVI_4430.MOV), 31.12.2011
482 Joachim, 12.6.2016
483 Joachim (im Interview mit Sonja), Schulaufsatz, April 1988
484 Sonja, Memoiren, 2009
485 Joachim, Video (MVI_4430.MOV), 31.12.2011

1939–1945

486 Sonja, Memoiren, 2009
487 Sonja, Tagebuch, 20.6.2016
488 Idee: Angenommen, eine Person A erinnert etwas. Die Person erinnert es später anders und wird zur Person A' (wie bei einer mathematischen Formel). Und falls sie es später wiederum anders erinnert, wird sie Person A'' usw. – Wie geht die Erinnerungsforschung damit bei einem Menschen um?
489 Tagebuch, Montag, 4.5.2015
490 Tagebuch, Donnerstag, 7.5.2015
491 Joachim (im Interview mit Sonja), Schulaufsatz, April 1988
492 Hildegards Brief, Dez. 2001
493 Sonja, Gespräch mit Christel (MVI_1179.MOV), 14.8.2014
494 Christel (ohne Datum, ca. August 2014)
495 Sonja, Gespräch mit Christel, Video (MVI_1182.MOV), 14.8.2014
496 Joachim, 16.8.2016
497 Joachim, 16.8.2016
498 Joachim, Video (MVI_4414_1.MOV), 31.12.2011
499 Pappi, Fiete, Karin und Christel (und zeitweise auch Diddi) haben ihr Leben lang tüchtig in dem Hotel gearbeitet. Das Hotel wurde verkauft und ist heute noch in Betrieb. (15.6.2016)
500 Joachim, 16.8.2016
501 Joachim, 17.7.2016
502 Joachim, 17.7.2016
503 Joachim, 15.8.2016
504 Christel, Telefonat, 14.8.2016
505 Joachim und Sonja, Video (MVI_4427.MOV), 31.12.2011
506 Sonja, Tagebuch, 8.1.2003
507 Christel, Telefonat, 14.8.2016
508 Bundesregierung, *1914–2014* (ohne Seitenzahlen)
509 http://biografie-arbeit.de, 18.8.2016
510 www.sonjakg.com, 19.8.2016
511 Joachim, 10.6.2016 (zum Beispiel)
512 Joachim, 7.7.2016 (zum Beispiel)
513 Joachim, 21.5.2016
514 Bundesbeauftragten für die Unterlagen des Staatssicherheitsdienstes der ehemaligen Deutschen Demokratischen Republik, Brief, 2015
515 Joachim, 10.6.2016
516 Übungsheft Deutsche Schrift (Selbstverlag), im Dithmarscher Landesmuseum in Meldorf gekauft, Dez. 2015
517 http://www.twentysix.de/wissenswertes.html, 4.8.2016
518 https://www.twentysix.de/leistungen-preise.html, 4.8.2016
519 Joachim und Sonja, 14.8.2016
520 Joachim und Sonja, 15.8.2016

Prost Kaffee: Kindheit

[521] Görnitz, Joachim E.; Görnitz, Sonja K.; *Meine zarten Nerven, Seefahrt, 1955–1987*, http://www.blurb.com/b/4450611-meine-zarten-nerven, 10.8.2016
[522] Meine Mutter, 14.8.2016
[523] Meine Mutter, 14.8.2016
[524] *Brunsbütteler Zeitung*, 8.4.2009, S. 12
[525] *Brunsbütteler Zeitung*, 10.1.2012, S. 11
[526] *Dithmarscher Landeszeitung*, 8.1.2016, S. 10
[527] Topf, *Einfach mal die Klappe halten*, Kapitel 60 (Hörbuch), 7.8.2016
[528] Sheff, David in: Sheff, Nic, *Tweak*, Anhang (ohne Seitenzahlen)
[529] Sheff, David in: Sheff, Nic, *Tweak*, Anhang (ohne Seitenzahlen)
[530] Reddemann, Dehner-Rau, *Trauma*, S. 92
[531] *Psychologie Heute compact*, Interview mit Allan Schore, S. 35
[532] *Psychologie Heute compact*, Interview mit Allan Schore, S. 35
[533] Vgl. *Psychologie Heute compact*, Interview mit Allan Schore, S. 35
[534] Eberst, *Durst*, S. 28
[535] AA, „Big Book", S. 58–59; AA, „Blaues Buch", S. 68 (beides online), 6.8.2016
[536] Kübler-Ross, *On Death & Dying*, S. 138
[537] Nach: Ware, *The Top Five Regrets of the Dying*, Inhaltsverzeichnis
[538] Wikipedia, „Sydney", 18.8.2016
[539] Schild vor dem Amt Burg – St. Michaelisdonn, 8.8.2016
[540] Dobelli, Rolf, *Die Kunst des klugen Handels*, S. 103

Bibliografie

Alcoholics Anonymous World Services, *Alcoholics Anonymous: The Story of How Many Thousands of Men and Women Have Recovered from Alcoholism* (4. Auflage), AA World Services, New York City, 2001

Anonyme Alkoholiker, *Anonyme Alkoholiker: Ein Bericht über die Genesung alkoholkranker Männer und Frauen* (Übersetzung der 3. engl. Auflage, 1980), AA Interessengemeinschaft e.V., Dingolfing, 2009

Bach, *Übungsheft Deutsche Schrift* (Selbstverlag), Ostrhauderfehn, Tel. 04952-94 29 37

Berliner Kraft- und Licht (Bewag)-Aktiengesellschaft, *Betriebsordnung für die Gefolgschaft der Berliner Kraft- und Licht (Bewag)-Aktiengesellschaft*, 15.1.1939

Berliner Kraft- und Licht (Bewag)-Aktiengesellschaft, Betriebsrat, *Im Licht der Zeit: 90 Jahre Betriebsvertretung*, Berlin, 1998

Berliner Kraft- und Licht (Bewag)-Aktiengesellschaft, *Gehaltsordnung*, 15.1.1939

Berliner Kraft- und Licht (Bewag)-Aktiengesellschaft, *Sozialbericht*, Dez. 1939

Berliner Kraft- und Licht (Bewag)-Aktiengesellschaft, Werkverein, *Bücherverzeichnis der Bücherei des Werkvereins der Bewag*, Berlin, 1938

Berliner Städtische Elektrizitätswerke Akt.-Ges. und Berliner Städtische Wasserwerke Akt.-Ges. (et al.), *Tarifvertrag*, Berliner Städtische Gaswerke Akt.-Ges., Berlin, 16. Februar 1928

Berufserziehungswerk der Berliner Kraft- und Licht (Bewag)-Aktiengesellschaft, „Auf die Plätze! Fertig! LOS! Startschuß für die Übungsfirmenarbeit", Berlin, 27. November 1940

Burkert, Hans-Norbert (et al.), *Machtergreifung: Berlin 1933*, Stätten der Geschichte Berlins, Band 2, Albert Hentrich/Rembrand Verlag, Berlin, 1982

Burkhard, Gudrun, *Schlüsselfragen zur Biografie: Ein Arbeitsbuch*, Verlag Freies Geistesleben, Stuttgart, 2012

Cameron, Julia; Bryan, Mark; *Money Drunk, Money Sober: 90 Days to Financial Freedom*, Wellspring, New York, 1999

Dithmarscher Landeszeitung, Thaden, Marc, „Auf der Suche nach der Vergangenheit", 8.1.2016, S. 10

Dobelli, Rolf, *Die Kunst des Klugen Handels: 52 Irrwege, die Sie besser anderen überlassen*, dtv, München, 2015

Eberst, Susanne, *Durst*, August von Goethe Literaturverlag, Frankfurt a./M., 2012

Prost Kaffee: Kindheit

Görnitz, Joachim E.; Görnitz, Sonja K.; *Meine zarten Nerven, Seefahrt, 1955–1987*, Blurb, San Francisco, 2013

Klabunde, Anja, *Magda Goebbels: Annäherung an ein Leben*, C. Bertelsmann, München, 1999

Klatt, Georg, *Die Alkoholfrage: Eine Gesamtdarstellung mit besonderer Berücksichtigung der Aufgaben der Schule*, Mimirverlag, Stuttgart, 1925

Kübler-Ross, Elisabeth, *On Death & Dying: What the Dying Have to Teach Doctors, Nurses, Clergy & Their Own Families*, Scribner, New York, 2014 (Erstausgabe von 1969)

Paulus, Sarah; Wackenberg, Rolf G.; *Von* Goetzen *bis* Liemba: *Auf Reisen mit einem Jahrhundertschiff*, Artissage, Berlin, 2013

Presse- und Informationsamt der Bundesregierung, *1914–2014: Eine Zeitreise durch hundert Jahre deutsche Geschichte* („Nationalsozialismus und Zweiter Weltkrieg"), Berlin, 2014

Reddemann, Luise; Dehner-Rau, Cornelia; *Trauma: Folgen erkennen, überwinden und an ihnen wachsen*, Trias, Stuttgart, 2008

Schmidt, Martin, *Die BEWAG-Transaktion im Jahre 1931: Eine Studie zur Geschichte des deutschen Finanzkapitals*, Dietz Verlag, Berlin, 1957

Schneider, Christoph, *Großes Lexikon, A–Z: Zeitnah und übersichtlich*, ISIS-Verlag, Chur (Schweiz), ca. 1996

SED Betriebsparteiorganisation Bewag, *Unsere Kraft: Betriebsgeschichte der Bewag*, 1. Teil: 1884–1945, Berlin, 1973

Sheff, Nic, *Tweak: The Horror of Addiction... The Miracle of Survival*, Pocket Books, London, 2008

Tietchen, Bettina, *Unter Tränen gelacht: Mein Vater, die Demenz und ich*, HörbucH-Hamburg, Hamburg, 2015 (Hörbuch)

Topf, Cornelia, *Einfach mal die Klappe halten: Warum Schweigen besser ist als Reden*, Gabal, Offenbach, 2011 (Hörbuch)

Van Vliet, Elma, *Papa, erzähl mal: Das Erinnerungsalbum deines Lebens*, Knaur HC, München, 2007

Ware, Bronnie *The Top Five Regrets of the Dying: A Life Transformed by the Dearly Departing*, Hay House, Carlsbad (Kalifornien), 2012; deutsche Ausgabe: *5 Dinge, die Sterbende am meisten bereuen: Einsichten, die Ihr Leben verändern werden*, Arkana, München, 2013

***